Windy Moors

Michela Alessandroni

LE STREGHE DELLA FORESTA DI PENDLE

flower-ed

Michela Alessandroni
Le streghe della foresta di Pendle

I edizione *Windy Moors* gennaio 2023

ISBN 979-12-81197-01-5

www.flower-ed.it

A tutte loro.

When shall we three meet again?
In thunder, lightning, or in rain?

William Shakespeare, *The Tragedy of Macbeth*

UNA NOTTE D'AGOSTO

Introduzione

C'è una storia che gli abitanti del Lancashire conoscono bene. Da oltre quattrocento anni viene raccontata e tramandata di generazione in generazione, e i luoghi in cui si svolse sono salvaguardati e promossi attraverso la creazione di percorsi, strutture ed eventi: è la vicenda delle streghe della foresta di Pendle, le quali furono protagoniste, tra la primavera e l'estate del 1612, di una delle pagine più terribili della storia inglese.

Attraverso il mio saggio desidero riportare alla luce quei fatti, conducendo il lettore indietro nel tempo, in quell'angolo selvaggio del Lancashire, nell'Inghilterra del Nord, e raccontandogli di quel gruppo composto principalmente da donne, dei rituali magici praticati, dell'accusa di stregoneria e dei processi subiti, cercando di comprenderne le implicazioni religiose e i risvolti politici.

Il mio lavoro, scrupoloso ma – spero – snello e privo di pedanteria, si rivolge a tutti i tipi di lettore, sia a quelli che amano e conoscono la storia inglese sia a quelli che vi si avvicinano per la prima volta, attirati dall'indubbio fascino dell'argomento trattato.

Per offrire un quadro storicamente accurato, ho condotto la mia ricostruzione basandomi su un lavoro di traduzione e analisi delle fonti dell'epoca, quali l'opera di re

Giacomo (VI di Scozia e, dal 1603, I d'Inghilterra) *Daemonologie* del 1597 (che poi includerà il pamphlet *Newes from Scotland* come capitolo conclusivo) e i resoconti particolarmente dettagliati dei processi che Thomas Potts registrò nel suo *The Wonderfull Discoverie of Witches* del 1613, di studio della saggistica successiva sulla caccia alle streghe in Inghilterra e sul folklore e la storia locale del Lancashire, della narrativa ispirata a quei fatti, come il celebre romanzo vittoriano *The Lancashire Witches* di William Harrison Ainsworth, pubblicato dapprima in episodi sul "Sunday Times" nel 1848 e poi in forma di libro nel 1849 dall'editore Henry Colburn, e, infine, degli studi accademici più recenti.

Sfogliando vecchie pagine consumate dal tempo e libri nuovi freschi di stampa, ho goduto della bellezza degli scenari naturali, ho respirato odori e fragranze antiche, ho visto quelle donne vivere la loro quotidianità in famiglia, preparare filtri per aiutare i vicini, rivaleggiare tra loro e maledire i nemici. Erano donne povere, che vivevano in umili casupole da qualche parte in quella foresta, e che non possedevano altro che la piena consapevolezza dei loro poteri magici e la certezza che gli incantesimi lanciati avessero un reale effetto su persone, animali e cose. Le ho viste essere additate come malvagie, blasfeme e ribelli: in altre parole, pericolose streghe. Le ho udite allora piangere, confessare e chiedere perdono in ginocchio alle loro presunte vittime. E le ho immaginate, una notte d'agosto, attendere insonni il loro destino nel buio delle segrete del castello di Lancaster in cui erano tenute prigioniere. Quella notte d'agosto, più di quattrocento anni dopo, il loro richiamo mi ha destato dal sonno affinché tornassi sui loro passi e scrivessi di loro.

"Le streghe della foresta di Pendle": questo è il modo in cui sono conosciute, comprendendo nella denominazione donne e uomini. Altre volte sono chiamate "le streghe della collina di Pendle", dal nome dell'altura isolata che domina il paesaggio circostante, o, più semplicemente, "le streghe di Pendle". Questo accorpamento riguarda il riferimento a un determinato territorio, la condivisione di una serie di interrogatori e processi strettamente intrecciati tra loro e, non ultima, l'appartenenza, per quasi tutti i membri, a due stirpi di streghe: quella di Demdike e quella di Chattox. In alcuni casi le troviamo incluse fra "le streghe del Lancashire", un insieme ancora più ampio che comprende anche altre persone, fra cui "le streghe di Samlesbury".

Sarebbe forse ingenuo pensare che, nella folle caccia alle streghe che tra il 1450 e il 1750 insanguinò l'Europa, tutte le donne processate fossero solo delle raccoglitrici e guaritrici del villaggio; alcune si macchiarono probabilmente di delitti gravi quale l'omicidio, operando coscientemente in senso negativo grazie alla stregoneria, includendo in questo termine pratiche derivate dalla conoscenza delle proprietà di erbe e piante. Ciò nonostante il trattamento che la società riservò loro fu di una violenza inaudita e inaccettabile, sospinta dall'isteria popolare, dalla crudeltà delle torture, dai processi farsa.

Migliaia di persone, quasi sempre di età avanzata e appartenenti agli strati sociali più bassi, furono date alle fiamme o mandate alla forca. Povere donne, massacrate e sole. Fra queste, le streghe della foresta di Pendle occupano un posto di rilievo nella storia inglese, per il grande numero di individui coinvolti, per le informazioni molto dettagliate che sono giunte fino a noi e per il fatto che una delle accusatrici principali non fosse che una bambina di nove anni.

Le streghe di Pendle appartengono a un tempo ormai lontano, per contesto giuridico e sociale, ma sono anche molto vicine a noi, perché possiamo percepirne la condizione di donne povere, vessate dal potere e senza nessuno a prendersi cura di loro se non loro stesse, e perché destano ancora tanto interesse negli studiosi, nei lettori appassionati di storia inglese o di stregoneria e persino nei visitatori che si recano nei loro luoghi alimentandone la fama. Infine, due testimoni d'eccezione degli eventi di cui furono protagoniste permangono ancora, antichi e solenni, sapienti e muti, davanti ai nostri occhi: la maestosa collina di Pendle, con la sua linea elegante e inconfondibile, sotto il cui sguardo vissero le loro libere esistenze, e l'imponente castello di Lancaster, che le privò della libertà tenendole prigioniere tra le sue mura.

CRONOLOGIA

1567
Ascesa al trono di Scozia di Giacomo VI.

1589
Matrimonio di Giacomo VI di Scozia e Anna di Danimarca.

1590-91
Processo alle streghe di North Berwick.

1591
Pubblicazione del pamphlet *Newes from Scotland* di James Carmichael.

1592 circa
Primo incontro di Demdike con il suo famiglio Tibb.

1597
Pubblicazione di *Daemonologie* di Giacomo VI.

1597 circa
Tibb appare a Demdike sotto forma di cane marrone e le succhia il sangue.

1598 circa
Chattox dà la sua anima a Fancy.

1601 circa
Furto a Malkin Tower da parte della figlia di Chattox e morte di John Device.

1603
Ascesa al trono d'Inghilterra di Giacomo I (già VI di Scozia). Ristampa di *Daemonologie.*

1604
Emanazione del "Witchcraft Act".

1605
Congiura delle polveri e condanna a morte di Guy Fawkes e degli altri congiurati.

1612
Redazione della lista dei ricusanti del Lancashire.

1612
Caccia alle streghe della foresta di Pendle.

1613
Pubblicazione di *The Wonderfull Discoverie of Witches* di Thomas Potts.

1623
Pubblicazione di *The Tragedy of Macbeth* di Shakespeare. La composizione risale al 1606.

1625
Morte di Giacomo I e ascesa al trono d'Inghilterra di suo figlio Carlo I.

1634
Accusa di Edmund Robinson e nuovi processi alle streghe. Tra le imputate compare Jennet Davies.

1848
Pubblicazione di *The Lancashire Witches* di William Harrison Ainsworth.

2012
Celebrazioni per il 400° anniversario delle esecuzioni.

NOMI DELLE PRESUNTE VITTIME DI STREGONERIA

Richard Assheton di Downham, ucciso da Demdike.

Un figlio di Richard Baldwin di Westhead, nella foresta di Pendle, ucciso da Demdike.

Un figlio di Henry Bulcock, stregato da Alizon Device.

John Device di Pendle, ucciso da Chattox.

Jennet Deane, stregata da John e Jane Bulcock.

John Duckworth, ucciso da James Device.

Ann Foulds di Colne, uccisa da Katherine Hewitt.

Blaze Hargreaves di Higham, ucciso da James Device.

John Hargreaves di Goldshaw Booth, ucciso da James Device.

John Law di Halifax, stregato da Alizon Device.

Thomas Lister, ucciso da Jennet Preston.

Hugh Moore di Pendle, ucciso da Chattox.

John Moore, figlio di John Moore di Higham, ucciso da Chattox.

Henry Mitton di Roughlee, ucciso da Demdike, Elizabeth Device e Alice Nutter.

Anne Nutter di Pendle, uccisa da Chattox.

Christopher Nutter, ucciso da Anne Readferne.

John Nutter, proprietario della mucca uccisa da Demdike.

Robert Nutter di Greenhead, ucciso da Chattox.

John Robinson, detto Swyer, ucciso da Elizabeth Device.

James Robinson, ucciso da Elizabeth Device.

Anne Towneley di Carr Hall, uccisa da James Device.

Un figlio di Thomas Walshman, bambino ucciso da Ellen e Jennet Bierley e Jane Southworth.

NOMI DELLE STREGHE E SENTENZE

Elizabeth Astley: rilasciata senza processo.

Ellen Bierley: non colpevole.

Jennet Bierley: non colpevole.

Jane Bulcock: condannata a morte.

John Bulcock: condannato a morte.

Alizon Device: condannata a morte.

Elizabeth Device, detta Squinting Lizzie: condannata a morte.

James Device: condannato a morte.

Alice Gray: non colpevole.

Lawrence Hay: rilasciato senza processo.

Katherine Hewitt, detta Mould-heels: condannata a morte.

Alice Nutter: condannata a morte.

Margaret Pearson: condannata alla gogna e a un anno di reclusione.

Jennet Preston: condannata a morte.

John Ramsden: rilasciato senza processo.

Anne Redferne: condannata a morte.

Isabel Robey: condannata a morte.

Isabel Sidegraves: rilasciata senza processo.

Elizabeth Southerns, detta Demdike: morta in prigione in attesa del processo.

Jane Southworth: non colpevole.

Anne Whittle, detta Chattox: condannata a morte.

Foresta di Pendle, Lancashire orientale.

I
Nella foresta di Pendle

Nel Lancashire orientale, nella zona del Blackburnshire, una collina isolata della catena dei Pennini dominava il paesaggio circostante. A guardarla dalla foresta di Pendle, si potevano chiaramente ravvisare i suoi pendii scoscesi ricoperti di torba che, non senza smottamenti, sorreggevano l'altopiano sotto un cielo basso carico di nubi. La brughiera si stendeva scura e fredda, attraversata da qualche rivoletto d'acqua. Pochissimi i campi coltivati, soprattutto d'avena, cospicua la fauna selvatica: lontana dalla fertile campagna del Sud, la zona di Pendle viveva di un'economia pastorale in cui predominavano l'allevamento del bestiame e la lavorazione della lana.

In quell'angolo selvaggio dell'Inghilterra, dove il diavolo aveva lasciato le sue impronte[1], vivevano, in uno stato di assoluta miseria, poche persone in alcuni poveri

---

[1] Secondo un'antica leggenda, il diavolo lasciò le sue impronte sull'arenaria la volta in cui saltò dalla collina di Hameldon su uno sperone che sovrastava Sabden, sul versante sud-ovest di Pendle. Tenendo poi delle rocce in un grembiule, si era recato lì vicino e le aveva scagliate verso il Castello di Clitheroe per liberarsi delle persone che vivevano lì. La maggior parte delle rocce mancò il bersaglio, il diavolo si arrabbiò e ne fece cadere accidentalmente un grosso mucchio sul lato sud della collina di Pendle, conosciuto come Apronfull.

cottage sparsi nelle vallate, dipendenti, da un punto di vista socio-economico, dai proprietari terrieri locali. Una parte consistente di loro faceva capo a due famiglie: quella di Elizabeth Southerns e quella di Anne Whittle.

Demdike[2] e Chattox[3] – così erano conosciute le due donne e in questo modo saranno chiamate nel corso del saggio – si erano guadagnate negli anni una sinistra reputazione; erano infatti considerate delle potenti streghe, tanto che gli abitanti della zona si recavano nelle loro casupole in cerca di cure e rimedi per se stessi e per gli animali, ma talvolta anche con richieste più oscure, tese ad arrecare danno ad altre persone. La sussistenza delle due streghe e delle loro famiglie dipendeva proprio da quanto ricavato grazie alle pratiche magiche e a qualche lavoro saltuario, all'accattonaggio e all'estorsione. Intorno al 1606, Chattox era stata assunta per cardare la lana per la moglie di un certo James Robinson, nonostante avesse più di settant'anni, fosse quasi cieca e fosse già conosciuta come strega: una conferma di come queste famiglie fossero presenti nelle dinamiche locali.

Con il passare del tempo, Demdike e Chattox, sostenute dai familiari, presero a competere sempre più tra loro ostentando i propri poteri, rivendicandone la superiorità e assumendosi la responsabilità persino di casi piuttosto foschi che comprendevano strani incidenti e morti sospette di uomini e bestiame: desiderose di mostrare la propria influenza malvagia, non avrebbero mai ripudiato le loro pericolose facoltà.

---

[2] Chiamata anche Mother Demdike.

[3] Chiamata anche Old Chattox.

Possiamo immaginare Demdike agire inizialmente con astuzia, ammantando la sua figura di mistero, e in seguito dichiarare, sempre più apertamente, che i suoi prodotti erano gli unici efficaci e che quanto si poteva trovare altrove non era che qualcosa di spurio. E possiamo vedere Chattox, dal canto suo, rispondere animata dallo stesso spirito. La loro rivalità, infatti, le portava ad accusarsi a vicenda con ogni tipo di calunnia. Non si trattava solo di apparire convincenti agli occhi delle altre persone e non era in gioco solo l'aspetto pecuniario: le due donne erano certe di possedere dei poteri straordinari, che si esprimevano in un'ampia gamma di potenzialità, da quella più benevola a quella più spietata. Anche gli abitanti della foresta di Pendle si ritrovarono così divisi in due gruppi rivali: da una parte i sostenitori di Demdike e dall'altra quelli di Chattox.

Le due donne rispondevano entrambe alla tipica descrizione delle streghe: anziane e burbere, povere e sconvenienti, svantaggiate e relegate ai margini della società.

Erano probabilmente delle tradizionali guaritrici, tipiche delle piccole realtà inglesi, alle quali la popolazione si rivolgeva di frequente e in maniera generalmente accettata dalla comunità per porre rimedio alle sue malattie e per altri tipi di problemi, come curare gli animali e ritrovare gli oggetti rubati. Erano consultate anche da coloro che ritenevano di essere stati vittime di stregoneria. Allora le donne li aiutavano a individuare il responsabile e a contrastare il maleficio da cui erano oppressi con una contro-magia. L'utilizzo di rimedi naturali era diffuso tra la popolazione, come testimoniano i libri di medicina e gli erbari, i diari e i ricettari. Alcune tipologie di erbe erano conosciute per le loro proprietà, la capacità di sciogliere gli incantesimi e contrastare la stregoneria. Se le persone comuni non riuscivano a risolvere direttamente i loro problemi, allora chiedevano l'aiuto delle guaritrici del villaggio.

Inserite in un contesto come questo, le due capofamiglia ricoprivano funzioni comunemente riconosciute, che si estendevano anche, in ultima istanza, alla capacità di uccidere, mentre i resoconti che le faranno passare alla storia le descriveranno esclusivamente come persone orribili e malvagie, indulgendo su aspetti assai lontani dalla tradizione popolare, primo fra tutti il ruolo giocato dal diavolo nell'ambito della stregoneria e il sabba. Le piccole comunità consideravano questi due elementi come qualcosa riguardante la teologia e non la quotidianità del villaggio, in cui erano ben presenti, piuttosto, i famigli delle streghe in forma animale, come cani, gatti e lepri, e i raduni presso le abitazioni in cui si svolgevano i rituali o presso i cimiteri delle chiese: creature e luoghi appartenenti allo scenario quotidiano e conosciuti da tutti.

Il confine tra essere una guaritrice benevola e una strega cattiva era alquanto sottile e facile da oltrepassare agli occhi dei profani. In realtà, questa doppiezza, agire per il bene della comunità e vendicarsi a morte di un individuo, era solo apparente e derivava dal medesimo potere, posto in essere da una volontà lontana dalla attuale idea di etica.

La più potente delle due era Demdike. Vedova, anziana, abitava nella famigerata Malkin Tower, nel piccolo villaggio di Goldshaw Booth (in seguito Newchurch in Pendle Forest, poi abbreviato in Newchurch in Pendle) ai piedi della collina. Nonostante le ricerche e qualche speranza di rinvenimento poi dimostratasi vana, anche in tempi recenti, il luogo esatto della dimora non è stato mai identificato. Nel resoconto di Potts, *The Wonderfull Discoverie of Witches*, Malkin Tower è menzionata ben trentasette volte, anche con le varianti Malking Tower, Malkeing Tower e Malkyn Tower. Nel presente saggio il luogo sarà indicato uniformemente come Malkin Tower. Alla sua prima menzione, l'autore la collocò nella foresta di Pendle, un appellativo che indicava i confini di un terreno di caccia medievale, non una foresta in sé. La dimora era costituita da almeno due edifici dai pavimenti di argilla o terra e si trovava presumibilmente nella parte settentrionale dell'area, vicino a Roughlee, un altro villaggio situato ai piedi della collina.

Per ricostruire la struttura familiare a cui appartenevano le due donne, mi sono avvalsa degli archivi, dei registri ecclesiastici e persino degli strumenti che la tecnologia mette a disposizione per la costruzione degli alberi genealogici. Nonostante le notizie siano farraginose, sappiamo che Demdike era nata nel 1540 circa e aveva due figli, Christopher Howgate (nato nel 1563), da padre a noi sconosciuto, ed Elizabeth Ingham (nata nel 1566 circa e detta Squinting Lizzie, ossia "Lizzie la strabica". Effettivamente Potts scrisse che Elizabeth aveva un occhio più alto dell'altro e che uno guardava verso l'alto e l'altro verso il basso) avuta da Thomas Ingham. Elizabeth si era sposata con John Device[4] e aveva avuto tre figli: James (nato nel 1590), Alizon (nata nel 1593), Henry (nato nel 1595 e morto, ancora bambino, nel 1599). Jennet (nata nel 1603), che ricoprirà un ruolo fondamentale

---

[4] Il cognome Device sembra derivare da Davies, pertanto la pronuncia corretta non è quella moderna della parola *device*.

nella nostra storia, era figlia illegittima; John Device era infatti deceduto nel 1601 e Jennet era nata fuori dal matrimonio, figlia, secondo quanto raccontato da Elizabeth stessa, di un certo Seller. Come da prassi in Inghilterra, Elizabeth aveva preso il cognome del marito, pertanto era ed è tuttora conosciuta come Elizabeth Device.

Le informazioni su Chattox sono ancora più fumose. Nata nel 1532 circa, viveva in una fattoria di West Close, altro villaggio della zona, proprietà della famiglia Shuttleworths di Gawthorpe Hall. Aveva tre figlie: Anne (nata nel 1550), Elizabeth (nata nel 1552 e detta Bessie) e, secondo alcune fonti, Jennet (nata nel 1555). Anne si era sposata con Thomas Redferne e aveva avuto a sua volta tre figli: Mary (nata nel 1607), Thomas e William.

Quelle qui riportate sono le parentele e le date più verosimili nell'intricata matassa di informazioni riguardanti le due famiglie. Ai fini della nostra storia, non è realmente importante conoscere tutti i nomi e memorizzare gli anni esatti, se non per comprendere come il vicinato mormorasse davanti ai figli nati evidentemente fuori dal matrimonio, per figurarci le due nonne in una fase avanzata della vita e per immaginare la piccola Jennet come una bambina emarginata in quanto figlia illegittima. Per praticità, riporterò in fondo al capitolo lo schema con i soli membri delle due famiglie coinvolti nella nostra storia.

In quella contea dell'Inghilterra, che alla fine del XVI secolo era considerata dalle autorità una regione selvaggia e senza legge, famigerata per i furti e le violenze, per lunghi anni le due donne condussero la loro attività attingendo alle proprie conoscenze della natura e delle arti oscure. Ma quando ascese al trono Giacomo I, già VI di

Scozia[5], e furono emanate leggi e sgominate cospirazioni, qualcuno che era in cerca di vittime e consenso cominciò a indagare su quanto veniva mormorato da chi aveva perduto in singolari incidenti figli, amici, beni e bestiame e bussò alla porta delle due famiglie.

Tutto ebbe inizio il 18 marzo 1612, giorno in cui Alizon Device, nipote di Demdike, incontrò il venditore ambulante John Law. Da quell'incontro fatale scaturì un litigio e l'uomo fu colpito da una malattia che si ritenne indotta dalla stregoneria.

Law e suo figlio decisero di rivolgersi alle autorità e il 30 marzo il giudice di pace[6] locale, Roger Nowell[7] di Read Hall[8], raccolse le dichiarazioni di Alizon Device, di sua madre Elizabeth e di suo fratello James, di John Law e di suo figlio Abraham.

Ma prima di continuare con la nostra storia, voglio esaminare due opere fondamentali, di non facile lettura ma ricchissime di informazioni: *Newes from Scotland* del 1591 e *Daemonologie* del 1597, testi indispensabili per

---

[5] Re Giacomo (James Stuart) nacque a Edimburgo il 19 giugno 1566. Figlio di Maria Stuarda (Mary Stuart), ascese al trono di Scozia quando aveva solo un anno. Nel 1603 succedette sul trono d'Inghilterra a Elisabetta I. Sotto il suo regno per la prima volta furono unificate tutte le isole britanniche. Morì a Londra il 27 marzo 1625.

[6] L'input fornito dai giudici di pace era fondamentale per dare seguito alle indagini sulle presunte pratiche di stregoneria.

[7] Nel 1612 Roger Nowell era un giudice di pace con molta esperienza e un importante proprietario terriero locale. Era membro di una famiglia che apparteneva al Protestantesimo più rigoroso.

[8] Maniero di tre piani situato nel villaggio di Read e acquistato dalla famiglia Nowell dopo lo scioglimento dell'abbazia cistercense di Whalley.

comprendere le convinzioni religiose dell'epoca e le trame politiche e personali che portarono alla stesura di una pagina tanto cruenta della storia d'Inghilterra.

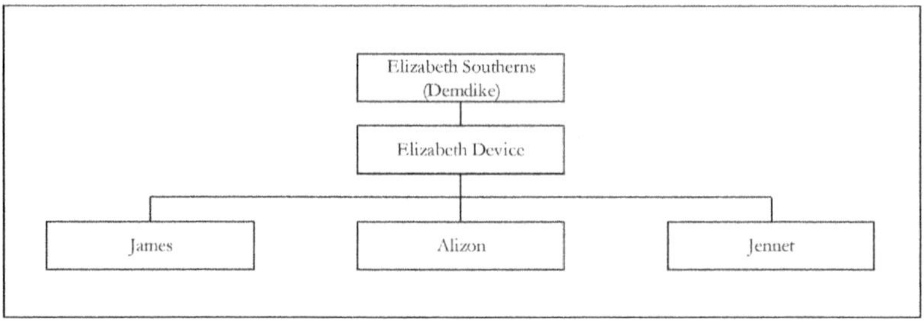

Membri della famiglia di Demdike coinvolti nei processi.

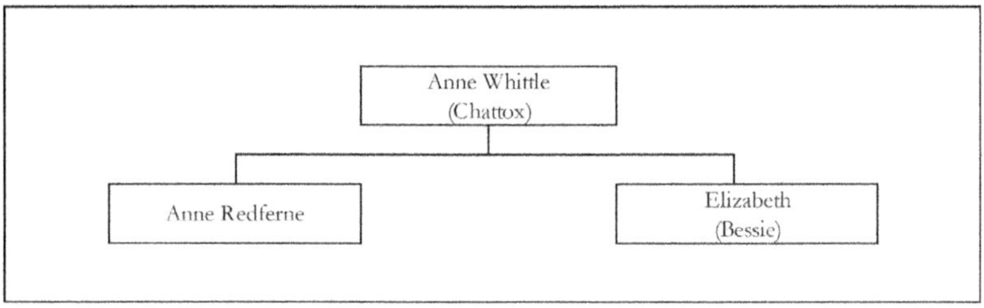

Membri della famiglia di Chattox coinvolti nei processi.

II
L'antefatto: *Newes from Scotland*

Quando nel 1603 Giacomo I ascese al trono d'Inghilterra credeva fermamente nell'esistenza delle streghe. Non solo, nutriva anche un grande interesse per la teologia protestante e la stregoneria, come prova la sua opera del 1597 intitolata *Daemonologie*, scritta quando era ancora unicamente Giacomo VI di Scozia. Ma quali eventi lo avevano portato a interessarsi così tanto a queste tematiche? La risposta ci viene fornita da due testi: *Newes from Scotland* e *Daemonologie* stesso.

Newes from Scotland – Declaring the Damnable Life and Death of Dr. Fian, a Notable Sorcerer è un pamphlet anonimo, ma scritto probabilmente da James Carmichael, autore e ministro della Chiesa di Scozia presente al processo alle streghe di North Berwick, e pubblicato dapprima in forma indipendente nel 1591 e poi come capitolo conclusivo di *Daemonologie* nel 1597.

La sua rilevanza storica deriva dal fatto di rappresentare il primo documento a stampa scozzese dedicato alla stregoneria in Scozia, arricchito, inoltre, delle uniche illustrazioni dell'epoca sull'argomento.

Il pamphlet descrive alcuni dei processi alle streghe di North Berwick, una località costiera della Scozia sud-orientale, avvenuti tra il 1590 e il 1591, ed è importante fare la sua conoscenza perché costituisce una sorta di antefatto della nostra storia; in quell'occasione, infatti, il re si convinse di essere stato oggetto di una cospirazione e fece proprie le teorie del continente europeo riguardanti la stregoneria satanica, acquisendola in particolare dalla corte danese.

Nel 1589, per non allontanarsi dal suo regno, aveva sposato Anna di Danimarca[9] per procura. Quando lei aveva intrapreso il viaggio per raggiungerlo in Scozia, una violenta tempesta si era abbattuta sulla nave che la trasportava, costringendola ad approdare in Norvegia. Il re aveva deciso allora di partire e raggiungere Anna per far celebrare le nozze, il 23 novembre a Oslo, anche di persona.

Gli sposi erano tornati in Scozia il 1° maggio 1590 dopo aver fatto tappa a Elsinore e Copenaghen: ma nel corso di quella primavera, durante il viaggio di ritorno dalla Danimarca, una burrasca aveva colpito la flotta reale causando la perdita di alcune navi mai più ritrovate.

L'estate successiva, in Danimarca scoppiò una grande caccia alle streghe, in cui una donna, Anna Koldings, risultò tra le principali sospettate. Il Ministro delle Finanze danese, Christoffer Valkendorff, fu accusato dall'ammiraglio Peder Munk di aver equipaggiato in maniera insufficiente la flotta reale per resistere alle tempeste, ma questi si era difeso accusando a sua volta le streghe che si erano riunite nella casa di una certa Karen Vaevers. Valkendorff chiese che fosse interrogata anche

---

[9] Nata a Skanderborg nel 1574, era figlia del re di Danimarca e Norvegia Federico II e Sofia di Meclemburgo-Güstrow. In quanto moglie di re Giacomo, che sposò quando aveva solo quattordici anni, fu regina consorte di Scozia e poi anche d'Inghilterra e d'Irlanda. I due ebbero sette figli, tra cui il successore al trono Carlo I.

Anna Koldings. La donna era già in carcere dal maggio di quell'anno per un altro caso di stregoneria ed era in attesa di essere giustiziata. Considerata una strega molto pericolosa, veniva chiamata "madre del diavolo".

Sotto il peso delle torture, ella confessò e fece i nomi di altre cinque donne che si erano incontrate nella casa di Karen Vaevers per il sortilegio. Anna fu messa al rogo e le sue complici arrestate. Alla fine dei processi, dodici donne oltre ad Anna furono giustiziate.

Fortemente colpito da quanto accaduto in Danimarca, il giovane Giacomo decise di prendere dei provvedimenti simili anche in Scozia, istituendo un proprio tribunale: per un re ancora senza eredi era rischioso allontanarsi dal proprio regno, e l'arrivo di una tempesta sulla sua flotta mentre era in viaggio poteva essere visto come una cospirazione contro di lui.

Fu così che, tra il 1590 e il 1591, iniziò una feroce caccia che portò ai processi alle streghe di North Berwick.

Secondo *Newes from Scotland*, la prima donna accusata e torturata fu Geillis Duncan[10], una serva scoperta dal suo padrone David Seaton, magistrato della cittadina di Tranent[11], a uscire di casa durante la notte. Era una di quelle che nella sua epoca venivano chiamate *wise women*, ossia le "donne sagge", ostetriche e guaritrici. Pur non appartenendo alla classe medica, Geillis aiutava e curava

---

[10] Una donna accusata di stregoneria di nome Geillis Duncan, interpretata dall'attrice olandese Lotte Verbeek, appare tra i personaggi della serie televisiva *Outlander*, basata sull'omonimo ciclo di romanzi della scrittrice americana Diana Gabaldon.

[11] Piccola cittadina scozzese situata a circa 18 km a est di Edimburgo.

coloro che erano afflitti da malattie o infermità con risultati eccellenti.

Le streghe di North Berwick incontrano il diavolo e tentano di far affondare la flotta reale.

Il suo padrone sospettava che le sue cure miracolose fossero portate avanti con mezzi straordinari e illegali, ma alle sue domande inquisitorie lei non rispose[12]. Questo fu sufficiente affinché egli torturasse la donna al fine di estorcerle una confessione. Neppure quando Seaton giunse a usare su di lei lo schiacciapollici, uno strumento di tortura il cui nome dice tutto, e a legarle e torcerle la testa con una corda ella confessò. Infine, sospettando

---

[12] Da questo momento il racconto si farà piuttosto cruento, perciò chi possiede un animo particolarmente sensibile può andare direttamente al capitolo successivo.

che fosse stata marchiata dal diavolo "come comunemente sono le streghe"[13], la spogliò, la rasò e la esaminò diligentemente finché non trovò sul suo corpo lo *stigma diaboli*. A quel punto Geillis dichiarò che tutte le sue azioni erano state fatte sotto le lusinghe e l'incitamento del diavolo e che le aveva portate avanti per mezzo della stregoneria.

Lo *stigma diaboli*, ossia il marchio del diavolo, era il simbolo dell'alleanza tra il diavolo e la strega. Poteva assumere forme visibili, quali una voglia, un neo o un terzo capezzolo, e l'accusata che lo possedeva era insensibile alle torture in quella parte del corpo. Al fine di verificarne la presenza, la donna veniva esaminata accuratamente in ogni punto della sua fisicità; l'esame poteva essere portato avanti con un lungo spillone da infilzare o con un ferro incandescente alla ricerca del marchio. Così, il corpo femminile rappresentava il veicolo di cui il diavolo si serviva per oltrepassare il confine tra la sua dimensione e quella terrena e, allo stesso tempo, il segno lasciato, generalmente per succhiare il sangue, manifestava la colpa della donna, che era stata sedotta e aveva ceduto alle lusinghe.

Seaton consegnò Geillis alle autorità. La donna fu rinchiusa in carcere, le torture ricominciarono e alla fine confessò. Essendo considerata una persona ignorante, che non proveniva dalla professione medica, sembra che l'accanimento contro di lei fosse dovuto proprio alle sue inspiegabili capacità di guaritrice.

---

[13] Qui e in seguito, le frasi riportate tra virgolette sono mie traduzioni dei testi dell'epoca.

Nella sua dichiarazione, come da prassi, la donna coinvolse, accusandole, altre persone. Tra queste vi erano tre nomi le cui vicende giudiziarie sono giunte fino a noi in maniera tristemente dettagliata proprio grazie al nostro pamphlet: Agnes Sampson di Haddington[14], Agnes Tompson di Edimburgo e John Cunningham di Prestonpans[15], noto come dottor Fian. Geillis fece anche i nomi di altre persone che al momento della redazione del documento erano state già giustiziate oppure si trovavano in carcere in attesa di condanna.

Alcuni studiosi hanno trattato le confessioni delle due Agnes come se fossero state rilasciate dalla stessa persona. Persino l'autore del pamphlet sembra fare confusione, accavallando le dichiarazioni fra loro. Inizialmente, tuttavia, si riportano i loro nomi in maniera distinta specificando, come abbiamo appena visto, le loro città di origine. La mia personale impressione è che gli autori del testo fossero più di uno e che su un primo documento siano stati inseriti successivamente altri brani. Per sbrogliare la matassa, riporterò le loro confessioni trattandole separatamente, anche se il dubbio che si trattasse della medesima imputata ovviamente permane, soprattutto per l'assonanza e la possibile sovrapposizione di nome e cognome.

Agnes Sampson era un'anziana levatrice, la maggiore delle streghe. Portata davanti al re e altri nobili scozzesi, severamente esaminata, si dichiarò non colpevole e non confessò nulla. Fu portata in prigione e, in seguito alle torture e al rinvenimento del marchio del diavolo nelle

---

[14] Città situata a circa 30 km a sud-est di Edimburgo.

[15] Cittadina che si trova sulla costa nord-orientale della Scozia.

sue parti intime, alla fine cedette e confessò. Nel corso delle sue dichiarazioni, raccontò a re Giacomo cose talmente strane che egli diventò scettico[16]. Allora gli parlò privatamente, riportandogli le stesse parole che erano intercorse fra lui e la regina in Norvegia la prima notte di nozze. A quel punto il sovrano, meravigliato, riconobbe che quelle parole erano vere e dovette credere alla storia della donna.

La seconda strega, Agnes Tompson, fu condotta davanti al re e fu interrogata sugli incontri e sui suoi rapporti con le altre streghe. Raccontò di aver partecipato a un raduno di duecento streghe giunte per mare e riunitesi nella chiesa di North Berwick, durante la vigilia di Ognissanti, ossia la notte di Halloween. Avevano ballato e cantato tutte a una sola voce:

> Commer goe ye before, commer goe ye,
> If ye will not goe before, commer let me[17].

Geillis Duncan aveva danzato al suono di una piccola tromba, chiamata tromba ebraica[18], fino a che non

---

[16] Alcuni episodi in cui il re si mostra scettico inducono a pensare che non fosse ossessionato dalle streghe e dalla stregoneria al punto da perdere la lucidità mentale, come spesso viene raccontato.

[17] Le streghe cantano all'unisono invocando il diavolo, chiedendogli di manifestarsi davanti a loro o di permettere loro di andare da lui.

[18] Probabilmente una sorta di *shofar*, la tromba ebraica realizzata con un corno di montone citata nell'Antico Testamento e nel Talmud. Lo *shofar* è utilizzato ancora oggi in occasione del Capodanno civile (*Rosh Hashanah*) e del giorno dell'espiazione (*Yom Kippur*).

erano entrate nella chiesa. Essendo il re piuttosto stupito da tali dichiarazioni, mandò a chiamare Geillis, che fu costretta a ripetere la stessa danza al suono di quella tromba davanti a lui.

Il diavolo si trovava lì, nella chiesa di North Berwick, e assisteva al loro arrivo nelle sembianze di un uomo. Le streghe dovevano baciargli le natiche, in segno di devozione nei suoi confronti. Dopo il bacio rituale, chiamato in demonologia *osculum infame*, avevano giurato di mettersi al suo servizio. Il diavolo aveva poi inveito grandemente contro il re di Scozia: un odio scaturito dal fatto che questi era il suo più grande nemico in tutto il mondo. Le streghe avevano poi ripreso la via del mare per tornare a casa.

Non è questa la sede per uno studio filologico del pamphlet, ma la considerazione, giustapposta al racconto, sul re di Scozia come avversario del diavolo ha tutta l'aria di essere stata inserita in un secondo momento al fine di evidenziare il ruolo potente e centrale del sovrano nella lotta contro il male: primo fra tutti gli uomini del mondo.

Agnes Tompson confessò che in un'altra occasione aveva elaborato un piano per arrecare danno al sovrano provocandogli atroci sofferenze. Aveva preso un rospo nero, lo aveva appeso per le zampe per tre giorni consecutivi e ne aveva raccolto il veleno mentre colava giù. Doveva tenere ben coperto quel veleno finché non avesse ottenuto un pezzo di stoffa di lino sporco appartenuto al re, come una camicia, un fazzoletto, un tovagliolo o qualsiasi altra cosa utilizzata da lui. Aveva escogitato di ottenerla per mezzo di un certo John Kers, inserviente nella stanza reale, ma lui si era rifiutato fermamente di aiutarla. Se avesse ottenuto un pezzo del lino che il re aveva indossato e sporcato, lei lo avrebbe stregato facendogli provare dei dolori tali che gli sarebbe sembrato di essere sdraiato su spine e aghi.

Il bacio rituale rappresentato nel Compendium maleficarum *di Francesco Maria Guaccio (1608).*

Il raduno di streghe e il tentativo fallito di danneggiare il sovrano sembrano essere una sorta di introduzione all'argomento principale, ossia la tempesta che si era abbattuta sulla flotta reale. Così, alla fine, Agnes giunse al punto e confessò che, quando il re si trovava in Danimarca, lei e le altre streghe prima menzionate avevano preso un gatto, lo avevano battezzato, gli avevano legato addosso parti di cadavere e lo avevano gettato nel mare in sacrificio, nel porto di Leith. Avevano intonato dei canti affinché una tempesta facesse affondare le navi. La tempesta in mare si era verificata davvero ed era stata così grande che non se ne era mai vista una tale prima di allora. In conclusione, la strega dichiarò che il re non sarebbe stato salvo in mare se la sua fede non avesse prevalso sulle loro intenzioni malvagie. Questo è un aspetto importante, perché vuole ricordare al lettore non solo che il re è il più grande nemico del diavolo, ma anche che la sua fede è immensa, tanto che questi non può niente contro di lui.

Donne accusate di stregoneria in ginocchio davanti a re Giacomo.

Fu chiesto alle streghe come il diavolo le usasse quando era in loro compagnia e loro confessarono che se ne serviva carnalmente, anche se con poco piacere da parte loro, data la sua natura fredda.

Il dottor Fian, il cui nome compare nel titolo completo del pamphlet, era un maestro di scuola. Viene descritto come un celebre stregone, ma attualmente non sappiamo molto di lui, se non ciò che possiamo leggere nell'atto d'accusa e in *Newes from Scotland*. Da evidenziare che in precedenza era stato coinvolto in una lunga disputa proprio con David Seaton.

Imprigionato, fu torturato in maniera atroce con una corda a torcergli la testa, eppure non confessò. Allora gli fu inflitta la pena più dolorosa del mondo, con uno strumento chiamato stivaletto: una morsa a forma di parallelepipedo in cui erano presenti dei cunei di legno o di metallo, che stringeva le gambe in maniera tanto serrata da lacerare la carne e comprimere le ossa. Anche in quella situazione raccapricciante non parlò, così le streghe suggerirono agli inquisitori di ispezionargli la lingua, sotto la quale furono in effetti trovati degli spilli: quella era la ragione per cui non parlava e non poteva svelare nulla. Fu portato davanti al re e finalmente confessò.

Il maestro dichiarò di essere stato sempre presente ai raduni delle streghe; era il segretario del diavolo e in tale veste registrava i giuramenti di coloro che si mettevano al suo servizio. Inoltre, raccontò di aver compiuto un maleficio su un uomo che viveva vicino a Prestonpans, dove lui insegnava, poiché erano innamorati della stessa donna. La sua stregoneria provocava al rivale periodici attacchi di pazzia che duravano circa un'ora. Il re chiamò allora a testimoniare proprio il rivale di Fian, ma, quando lo vide, questi emise improvvisamente un urlo anomalo e andò in escandescenze, tanto che tutti gli uomini presenti non riuscirono a tenerlo fermo e dovettero chiamare altre persone in aiuto. Quando dopo un'ora l'uomo tornò in sé, il re gli chiese cosa avesse appena visto o fatto e lui rispose che stava dormendo profondamente.

Episodio del dottor Fian e della mucca stregata.

Il dottor Fian rivelò di aver impiegato vari mezzi per far innamorare la donna, ma invano, quindi era ricorso alla stregoneria. Attraverso l'aiuto del fratello di lei, voleva procurarsi tre dei suoi peli pubici. Il ragazzo aveva fatto pratica mentre sua sorella dormiva. Ma una notte la ragazza se ne era accorta, aveva gridato e la madre aveva percosso il ragazzo fino a farlo confessare.

Essendo lei stessa una strega, sospettava che il dottor Fian volesse attuare qualche incantesimo. Aveva preso allora la carta in cui il figlio avrebbe dovuto mettere i peli, era andata da una mucca che non aveva né copulato con un toro né partorito un vitello e le aveva tagliato tre peli. Li aveva avvolti nella carta e li aveva dati al figlio dicendogli di portarli al suo maestro. Credendo che fossero realmente della fanciulla, il maestro aveva praticato il suo rituale, ma con una conseguenza imprevista: la mucca, infatti, si era invaghita di lui e lo aveva seguito per tutto il villaggio.

Il maestro fu arrestato e portato in cella. Qui si pentì di come aveva condotto la sua vita e di aver ceduto alle lusinghe di Satana, tanto che rinunciò a qualsiasi stregoneria, giurando di voler condurre una vita da buon cristiano. L'indomani raccontò che, quella stessa notte, gli era apparso il diavolo, vestito tutto di nero e con una bacchetta bianca in mano: voleva sapere se gli sarebbe rimasto fedele secondo il giuramento fatto, ma lui gli aveva risposto di andare via perché voleva rinunciare a lui completamente. A quel punto il diavolo gli aveva assicurato che prima di morire sarebbe stato suo e con ciò aveva spezzato la bacchetta bianca ed era svanito dalla sua vista.

Il maestro si era mostrato sinceramente pentito, ma quella sera fece una cosa inaspettata: rubò la chiave della porta della prigione e della cella in cui si trovava e fuggì. Appena ricevette la notizia, il re, attraverso dei proclami pubblici, mobilitò tutto il Paese per catturarlo. Per mezzo di un duro e accanito inseguimento, il maestro fu di nuovo arrestato e interrogato.

Scena che dovrebbe rappresentare il pentimento del dottor Fian al suo carceriere e al cappellano prima dell'evasione. La xilografia fu forse tratta da un'altra opera.

Temendo che questi fosse tornato in contatto con il diavolo, il re ordinò che venisse torturato. Gli furono strappate tutte le unghie con le pinze e furono conficcati degli aghi al loro posto. Fu sottoposto di nuovo alla tortura dello stivaletto, che schiacciò talmente le sue gambe da farle diventare minuscole, e le ossa e la carne furono danneggiate al punto che sangue e midollo sgorgavano in abbondanza. Nonostante queste atrocità egli non parlò, "tanto profondamente il diavolo era entrato nel suo cuore".

Il dottor Fian fu condannato a morte. Fu strangolato e poi messo al rogo a Castlehill (a Edimburgo) un sabato della fine di gennaio del 1591. Fu dopo la sua esecuzione che le cronache dei processi e le confessioni rilasciate al sovrano furono raccontate in *Newes from Scotland*.

La chiusa dell'opuscolo intende mostrare ancora una volta come il re, figlio e servo di Dio, goda della protezione divina, mentre coloro che hanno attentato alla sua vita, peggiori degli stessi infedeli, non sono altro che servitori del diavolo, il quale li assiste quotidianamente fino a portarli alla distruzione. Sua Altezza ha una mente magnanima e imperturbabile, che non teme gli incantesimi ed è certa del fatto che, finché Dio è con lui, non deve aver timore di chi lo vuole morto.

Lo scopo dell'intero trattato è dunque rivelare la meravigliosa provvidenza dell'Onnipotente, perché, se il re non avesse goduto della protezione divina, sia in terra sia in mare, non sarebbe tornato vivo dal viaggio dalla Danimarca.

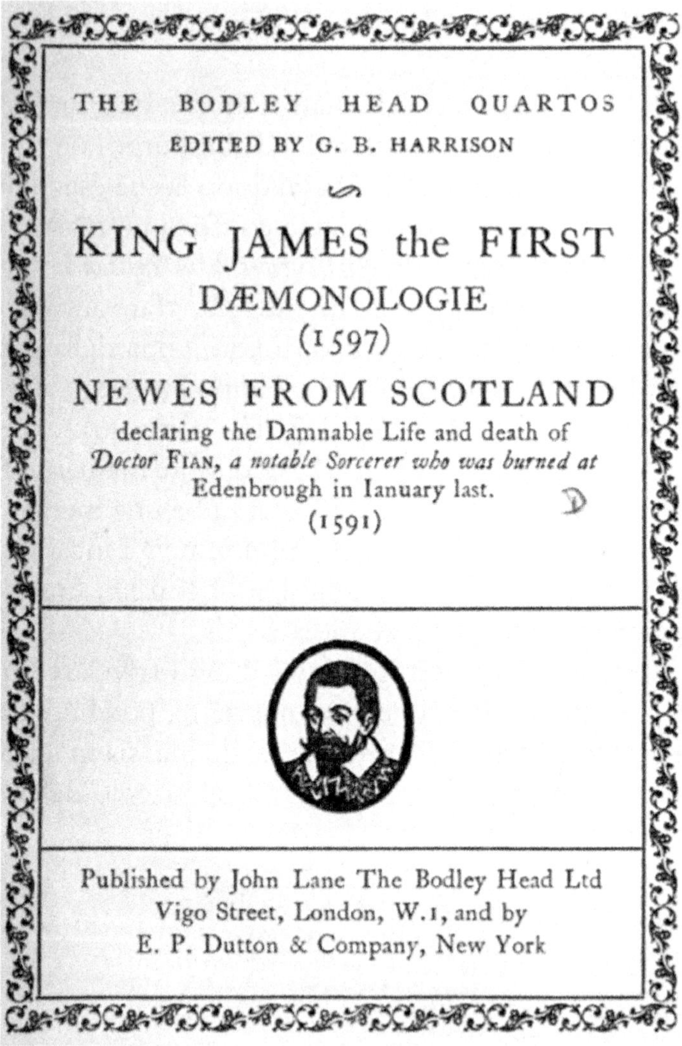

THE BODLEY HEAD QUARTOS
EDITED BY G. B. HARRISON

KING JAMES the FIRST
DÆMONOLOGIE
(1597)
NEWES FROM SCOTLAND
declaring the Damnable Life and death of
Doctor FIAN, *a notable Sorcerer who was burned at*
Edenbrough in Ianuary last.
(1591)

Published by John Lane The Bodley Head Ltd
Vigo Street, London, W.1, and by
E. P. Dutton & Company, New York

Frontespizio di una ristampa pubblicata nel 1924,
il cui originale è conservato nella Bodleian Library.

III

Estirpare le streghe: *Daemonologie*

Il trattato che porta il titolo di *Daemonologie* è una dissertazione filosofica firmata da re Giacomo in persona. La prima volta apparve nel 1597, stampata a Edimburgo, quindi diversi anni prima della pubblicazione della celebre Bibbia di re Giacomo[19].

Questa "scienza dei demoni" era una dichiarazione politica e teologica che aveva l'intento di istruire la popolazione – in particolare quella dei magistrati e dei funzionari – sulla storia, le pratiche e le implicazioni della magia e le ragioni delle persecuzioni delle streghe in una società cristiana che conduceva la propria esistenza sotto la norma del diritto canonico anglicano.

Il trattato fu ristampato a Londra nel 1603, quando il re salì sul trono d'Inghilterra. Dal punto di vista stilistico e contenutistico, l'opera appare più elevata e colta rispetto a *Newes from Scotland* (che, come anticipato, fu apposto come suo capitolo conclusivo) ed escludo che i due documenti siano stati redatti dalla stessa penna, come taluni hanno ipotizzato.

Nella Prefazione, la regale mano dell'autore racconta come in quel momento il Paese fosse spaventosamente pieno di quei "detestabili servitori del diavolo", quali

---

[19] Traduzione inglese commissionata e autorizzata dal re, pubblicata nel 1611 e tuttora libro sacro della Chiesa anglicana.

streghe e incantatori, tanto da voler dare delle risposte a coloro che nutrivano dubbi, confermando prima di tutto che tali assalti satanici erano sicuramente praticati e poi che chi li eseguiva meritava di essere punito severamente. L'autore aggiunge che il trattato fu scritto per replicare a un'opera scettica come quella pubblicata "senza vergogna" dall'inglese Scot[20], tesa a dimostrare che la stregoneria non esiste, e a una di Wier[21], in cui l'autore giustifica gli stregoni e dichiara di essere stato uno di loro.

Per rendere il testo più piacevole e facile per i lettori, il re scrisse *Daemonologie* in forma di dialogo, condotto da Philomathes ed Epistemon, due personaggi che discutono di vari argomenti. È suddiviso in tre libri: il primo sulla magia in generale e sulla necromanzia in particolare; il secondo sugli incantesimi e sulla stregoneria; il terzo sugli spiriti e sugli spettri che appaiono e turbano le persone e contiene, infine, la conclusione dell'intero lavoro.

Uno degli scopi principali è quello di informare i lettori su tutte le sottocategorie coinvolte nelle pratiche magiche e i danni che possono arrecare. Allo stesso tempo, nelle intenzioni dell'autore c'è la volontà di affermare una serie di elementi che dobbiamo tenere bene a mente, perché risulteranno fondamentali e fatali nella vicenda delle streghe di Pendle:

- le arti oscure sono esistite ed esistono ancora, come documentato dalle Scritture e dalle confessioni delle streghe stesse;

---

[20] Reginald Scot, *The Discoverie of Witchcraft*, 1584.

[21] Johann Wier, *De praestigiis daemonum, et incantationibus, ac veneficiis*, 1563.

- le streghe possono essere ricche o povere, pertanto il diavolo le tenta in maniera diversa, promettendo loro ricchezza o vendetta;
- il diavolo procede in tre passaggi: dapprima si avvicina alla strega facendo promesse in cambio della sua anima, poi stringe con lei un patto e infine soddisfa le sue richieste;
- fra le pratiche c'è quella di fabbricare figure d'argilla con le fattezze della vittima;
- chi pratica la stregoneria merita un processo e una severa punizione;
- tra le testimonianze possono essere prese in considerazione anche quelle di altre streghe e di bambini;
- solo le streghe partecipano ai sabba, pertanto solo loro possono darne testimonianze e prove credibili;
- bisogna porre molta attenzione a non condannare un innocente lasciando così in libertà il vero colpevole;
- oltre alle streghe, esiste un secondo nemico pubblico: i papisti.

Daemonologie fu di grande ispirazione per Richard Bernard[22] nella stesura di un manuale sulla ricerca delle streghe: suddiviso in due libri, *A Guide to Grand-Jury Men*, del 1627, è una dissertazione sugli aspetti legali della stregoneria e su come coloro che prendono parte ai processi giudiziari possano essere ingannati. L'autore suggerisce di adottare un approccio investigativo più approfondito per determinare i reali casi rispetto alle false accuse e comprendere se una persona sia stata davvero stregata o

---

[22] Richard Bernard, pastore puritano e scrittore inglese (1568-1641).

soffra piuttosto di una malattia. Fu scritta, insomma, per essere d'aiuto nella riforma giudiziaria e nell'istruzione delle persone incaricate di individuare e perseguire i casi di stregoneria in una combinazione innovativa di teologia e analisi scientifica.

L'opera di re Giacomo influenzò anche Matthew Hopkins[23] nella sua funzione di cacciatore di streghe tra il 1644 e il 1646, periodo in cui ne furono processate e giustiziate circa trecento. Nell'anno della sua morte, il 1647, Hopkins pubblicò *The Discovery of Witches*, che cita direttamente *Daemonologie* come fonte per individuare dei metodi di identificazione di una strega.

Nel 1604, poco dopo la sua incoronazione, Giacomo I emanò il "Witchcraft Act" contro evocazioni, incantesimi e stregonerie: dopo la festa di San Michele Arcangelo[24], chiunque fosse stato trovato a invocare o evocare spiriti demoniaci e malvagi, a consultarli, intrattenersi con loro, implorarli o ricompensarli per qualsiasi scopo, a dissotterrare dalle tombe o da qualsiasi altro luogo uomini, donne o bambini morti, utilizzare parti di questi, come la pelle o le ossa, per magia, stregoneria, sortilegi e incantesimi ai danni di un'altra persona, chiunque fosse

---

[23] Matthew Hopkins, cacciatore di streghe inglese (1620 ca.-1647).

[24] La festa di San Michele Arcangelo, che ricorre il 29 settembre, segnava la fine del raccolto e l'inizio di un nuovo periodo dell'anno, anche dal punto di vista giuridico. In Inghilterra era considerata come il momento di passaggio dall'estate all'autunno. Tradizionalmente è uno dei "quarter days" insieme a Lady Day (Annunciazione, 25 marzo), Midsummer (Mezza estate, 24 giugno) e Christmas (Natale, 25 dicembre), tutte date vicine agli equinozi e ai solstizi.

stato trovato – dicevo – a praticare una di queste azioni sarebbe stato debitamente e legalmente condannato a morte.

Da quel momento ogni forma di stregoneria doveva essere scongiurata, abolita, sradicata. La creazione di questa autorità portò ad attribuire alla stregoneria fatti che erano invece ordinari, alla moltiplicazione degli informatori e alla condanna di persone innocenti.

Poco più di un anno dopo l'emanazione dell'atto, avvenne un fatto epocale, noto come la Congiura delle polveri (*Gunpowder plot*) o la Congiura dei gesuiti. Il 5 novembre 1605, il giorno d'apertura del Parlamento inglese, un gruppo di cattolici avrebbe voluto far saltare in aria la Camera dei Lord con re Giacomo e il suo governo dentro. Il piano fu però svelato il 28 ottobre a Lord Monteagle attraverso una lettera anonima, che fu poi consegnata al re il 1° novembre.

Tra i tredici cospiratori, il nome di Guy Fawkes è quello a noi più noto, grazie anche al fumetto scritto da Alan Moore intitolato *V for Vendetta*, portato al cinema dal regista australiano James McTeigue.

La conclusione fallimentare del piano avvenne il 4 novembre con il rinvenimento del cospiratore a guardia di trentasei barili di polvere da sparo. Ovviamente fu arrestato e torturato. Tutti i congiurati furono condannati all'impiccagione e il corpo di Guy Fawkes fu persino squartato dopo la morte.

Pur essendo trascorsi quattro secoli, ancora oggi in Inghilterra la "Guy Fawkes Night" o "Bonfire Night" rappresenta una festa pubblica che viene celebrata con fuochi d'artificio e fantocci dati alle fiamme a imperitura memoria.

Guy Fawkes.
(William Harrison Ainsworth, Guy Fawkes.
Illustrazione di George Cruikshank, 1840).

Alcuni anni dopo, nel 1612, ai giudici di pace del Lancashire fu ordinato di compilare l'elenco dei ricusanti della loro regione, cioè quelle persone che erano rimaste fedeli alla Chiesa di Roma e al papa, non avevano aderito alla Chiesa d'Inghilterra e si rifiutavano di partecipare alle funzioni; era soprattutto in quella regione, infatti, insieme a Yorkshire e Cumbria, che il cattolicesimo era rimasto la religione predominante.

In questo clima di ostilità per i cattolici e per le streghe, al giudice di pace di Pendle, Roger Nowell, non sfuggì una denuncia presentata dalla famiglia di John Law, un venditore ambulante di Halifax[25] che, a suo dire, era stato fisicamente danneggiato da una donna proprio attraverso l'uso della stregoneria.

I due giudici incaricati di raggiungere Nowell e condurre i processi – Sir James Altham[26] e Sir Edward Bromley[27] – approfittarono dell'occasione per tentare di raggiungere i propri scopi personali. Sir James Altham doveva porre rimedio a una terribile accusa: aver fatto impiccare per errore una donna sospettata di stregoneria

---

[25] Località divenuta famosa soprattutto a partire dal 1936, anno in cui l'antica fabbrica di caramelle Mackintosh iniziò a produrre una selezione di cioccolatini chiamata Quality Street. Il nome deriva dalla commedia romantica di James Matthew Barrie intitolata proprio *Quality Street* e pubblicata in italiano da flower-ed.
[26] Oltre alla carica di giudice, per un breve periodo ricoprì anche quella di membro del Parlamento inglese. Fu amico di Francis Bacon, che alla sua morte, avvenuta il 21 febbraio 1617, lo definì "uno dei più importanti e venerabili giudici di questo regno".
[27] Membro della nobiltà terriera e legale dello Shropshire e uomo politico, morì il 2 giugno 1626.

alle assise di York. Sir Edward Bromley sperava in una promozione che gli consentisse di avvicinarsi a Londra.

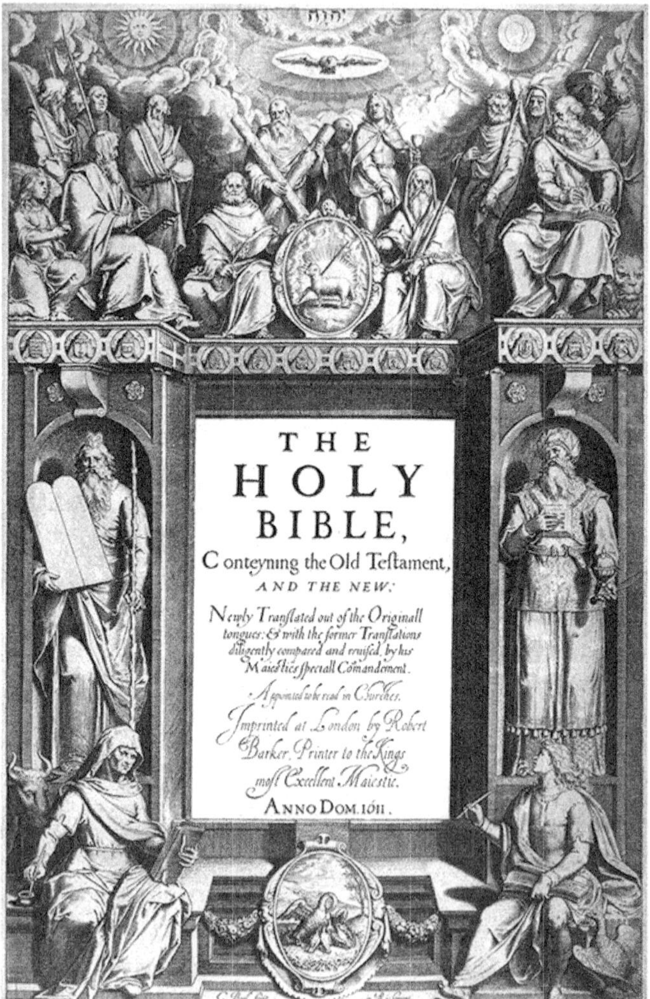

Frontespizio della Bibbia di re Giacomo del 1611.

IV
Alizon Device e l'inizio della fine

La fonte principale della nostra storia è costituita dal resoconto redatto da Thomas Potts intitolato *The Wonderfull Discoverie of Witches in the Countie of Lancaster* del 1613; una fonte che, tuttavia, deve essere letta tenendo a mente le circostanze in cui fu scritta e la manipolazione attuata su fatti e dichiarazioni con l'intento di drammatizzare la vicenda: per la prima volta i lettori potevano leggere le confessioni in cui le streghe raccontavano del patto stretto con il diavolo e dei loro raduni. Non si parla mai, d'altro canto, delle privazioni, delle pressioni e dei maltrattamenti subiti dagli imputati.

Potts, impiegato delle assise di Lancaster, fu incaricato di redigere il resoconto dai giudici del processo. Il 16 novembre 1612 completò l'opera e la sottopose alla revisione di Bromley che la dichiarò ben fatta e degna di essere pubblicata.

Leggendolo, si ha la sensazione che si tratti di un racconto composto per mostrare l'efficienza del sistema giudiziario e, allo stesso tempo, confermare quanto scritto in *Daemonologie*, al fine di accattivarsi la simpatia di re Giacomo. Neppure Potts, come Altham e Bromley, era esente da fini personali. L'opera è infatti dedicata a Thomas Knyvet che, dopo aver sventato la Congiura delle polveri, era diventato un favorito del re, conseguendo titoli e reputazione.

Mappa del Lancashire realizzata da Joan Blaeu nel 1665. Immagine appartenente alla David Rumsey Map Collection, David Rumsey Map Center, Stanford Libraries.

Le streghe vennero sradicate dal loro ambiente locale inglese con le sue credenze e tradizioni, in cui il diavolo rivestiva un ruolo minore, e, presentandole come sue servitrici, furono ricollocate in un contesto continentale. Questo è un passaggio importante, perché lo scopo dell'operazione – cioè legare la stregoneria al satanismo – era quello di rendere la stregoneria un crimine.

Se tale condizione era un dato di fatto nell'Europa continentale, in Inghilterra fino a quel momento si era rimasti nell'ambito di un modello più tradizionale legato alla cultura e alle credenze popolari. Ma nel 1604 re Giacomo aveva introdotto nella legge inglese il concetto per cui la stregoneria rappresentava il tentativo del diavolo di sovvertire l'ordine sociale e, grazie all'immissione forzata del diavolo nelle dichiarazioni delle streghe, e cioè l'introduzione dell'elemento ideologico nelle testimonianze popolari, *The Wonderfull Discoverie of Witches* rappresentava la prova legale e pratica della correttezza di tale concetto.

In questo scenario, si svolse la cruenta caccia alle streghe della foresta di Pendle. La riporterò secondo la ricostruzione che ne ho fatto grazie allo studio degli interrogatori, delle confessioni e dei processi, che videro uno scambio reciproco di accuse tra i vari imputati e testimonianze impreviste, cercando di ricollocarle nel giusto contesto. Il mio intento non è, tuttavia, quello di presentare la traduzione italiana dell'opera, ma di servirmi di questa e delle altre fonti per raccontare una storia.

Dettaglio della foresta di Pendle.
Immagine appartenente alla David Rumsey Map Collection, David Rumsey Map Center, Stanford Libraries.

Riprendiamo allora la narrazione. Era il 30 marzo 1612 quando Alizon Device, nipote di Demdike, fu interrogata a proposito di uno strano incontro con John Law. La confessione di Alizon lasciò sbalordita l'intera corte e a quel punto fu ordinato a John Law, angosciato, zoppo e deforme, e a suo figlio Abraham di raccontare la loro versione. Ecco cosa era accaduto.

Circa due anni prima, Alizon era solita andare a mendicare insieme a sua nonna Demdike. Questa l'aveva esortata a far sì che le apparisse un diavolo o un famiglio e si lasciasse succhiare il sangue, in modo tale da poter avere e fare ciò che voleva.

Non molto tempo dopo, mentre camminava per la strada verso Roughlee, vicino al terreno di uno certo John Robinson, le era apparso qualcosa di simile a un cane nero, che si era rivolto a lei desideroso di possedere la sua anima: in cambio le avrebbe dato il potere di fare qualunque cosa volesse. Persuasa da quella promessa, Alizon aveva concesso al diavolo di succhiarle il sangue appena sotto il seno, il che le aveva lasciato una macchia blu per circa sei mesi.

Il cane nero non le era apparso più fino al 18 marzo 1612. Quel giorno, Alizon aveva incontrato sulla strada per la foresta di Trawden, vicino a Colne[28], un venditore ambulante di nome John Law, con il suo pacco di merci sulle spalle, al quale aveva chiesto un certo numero di spilli. Non è ben chiaro se la ragazza non avesse sufficiente denaro per pagare e avesse insistito comunque per averli oppure se l'uomo glieli avesse rifiutati, non

---

[28] Cittadina del Lancashire che si trova tra la collina di Pendle e la brughiera tanto amata dalle sorelle Brontë.

volendo sciogliere il suo pacco solo per degli spilli[29]. Fatto sta che Alizon si era arrabbiata molto e a quel punto le era apparso il cane nero, il quale le aveva parlato in lingua inglese chiedendo: «Cosa vuoi che faccia a quell'uomo?», «Che puoi fargli?», aveva domandato lei. «Posso renderlo zoppo». «Azzoppalo». E prima che il venditore ambulante avesse percorso quaranta metri era caduto a terra zoppo.

L'uomo, forse già infervorato e provato dal litigio, aveva avuto un attacco, probabilmente un ictus, ed era caduto incapace di muovere mani e piedi. Si era salvato perché era riuscito a trascinarsi in una vicina taverna.

Mentre giaceva lì in preda al dolore, il venditore aveva visto accanto a sé un grande cane nero, con spaventosi occhi infuocati, grandi denti e un volto terribile, che lo guardava in faccia. Aveva avuto molta paura. Subito dopo era arrivata Alizon, era rimasta lì un poco, lo aveva guardato e se ne era andata.

Quel giorno Alizon si era recata nella foresta di Trawden a mendicare e la sera era tornata a casa. Dopo cinque giorni, mentre andava nuovamente a mendicare, vicino a Newchurch in Pendle le era apparso il cane nero e le aveva chiesto di restare a parlare con lui. Lei non lo aveva fatto e da quel giorno non lo aveva visto più.

Pochi giorni dopo l'incidente, quando Abraham, figlio dello sventurato, aveva saputo dell'accaduto, aveva rintracciato Alizon e l'aveva portata a visitare suo padre:

---

[29] Al contrario di quanto dichiarato dai due protagonisti della vicenda, Abraham Law raccontò che il padre aveva dato degli spilli ad Alizon, la quale appare quindi come una persona a dir poco irriconoscente, secondo la tipica rappresentazione delle streghe.

uomo robusto e capace, aveva ora occhi e volto deformati, un modo di parlare poco comprensibile, le gambe, le braccia e le mani come quelle di uno storpio, il corpo ormai inabile ad affrontare un viaggio. In quell'occasione Alizon aveva ammesso la sua colpa e aveva chiesto perdono.

Intanto il povero ambulante continuava a soffrire. Non poteva più viaggiare per lavoro e non riusciva ad alleviare le sue pene, tanto che in tribunale, piangendo sofferente, si rivolse ad Alizon dicendo: «Tu sai che è vero!»

Vedendolo angosciato, zoppo e deforme, Alizon ritenne evidente la propria colpa, tanto da riconoscerla pubblicamente e chiedere a Dio di perdonarla. Poi cadde in ginocchio in lacrime e chiese perdono anche all'ambulante per la crudele offesa che gli aveva arrecato.

Purtroppo questo evento non fu conclusivo della vicenda, ma avviò una reazione a catena destinata a diventare lunga e sanguinosa. La terribile condizione di John Law era la prova tangibile e visibile agli occhi di tutti di cosa potesse accadere nelle oscurità della foresta di Pendle.

Alizon era solo una giovane strega, indotta alla segrete arti da sua nonna Demdike, ma, a quanto pare, aveva già le mani sporche di sangue innocente: lo stesso giorno, infatti, il 30 marzo 1612, suo fratello James Device fu ascoltato dai giudici. Egli non parlò di John Law, ma raccontò molti altri episodi e di come Alizon una volta avesse stregato un bambino, il figlio di Henry Bulcock, e poi glielo avesse confessato.

Anche Elizabeth Device, la madre di Alizon, fu interrogata, ma risultò più reticente a parlare. Ammise però che Demdike aveva un segno sul fianco sinistro da quarant'anni. Questa testimonianza fornì a Nowell materia per procedere ulteriormente nelle indagini, in quanto considerato come un marchio lasciato dal diavolo dopo averle succhiato il sangue: come abbiamo avuto modo di constatare in precedenza, lo *stigma diaboli* era una prova incontrovertibile dell'alleanza che la strega aveva stretto con lui.

L'interrogatorio dovette procedere a lungo quel 30 marzo 1612, in quanto abbiamo diverse altre dichiarazioni della ragazza, incentrate in particolare sulle pratiche di stregoneria attuate dalle due capofamiglia, Demdike e Chattox, sulle quali il giudice sembrava ora aver spostato la sua attenzione.

Streghe in volo nell'aria torbida.
(William Harrison Ainsworth, The Lancashire Witches.
Illustrazione di John Gilbert, 1854).

V
Demdike, la strega più potente

Non sappiamo se per sua volontà o se spinta dagli inquisitori, ma nelle sue testimonianze Alizon sembra sin dal principio avere la chiara intenzione di coinvolgere Demdike, la capofamiglia che l'aveva convinta ad avvicinarsi alla stregoneria. Così, nominata più volte nel corso delle dichiarazioni, Demdike volle rilasciare una confessione.

Era una donna anziana e una strega da moltissimo tempo. Abitava nella foresta di Pendle, "un luogo vasto, adatto alla sua professione": stando alle parole di Potts, nessuno poteva sapere cosa avesse commesso a suo tempo!

In quella foresta era rimasta al sicuro per molti anni, aveva cresciuto i suoi figli e aveva istruito i suoi nipoti impegnandosi affinché padroneggiassero le arti magiche: di generazione in generazione, la stregoneria scorreva nel sangue della famiglia. Di tutte le streghe coinvolte nell'indagine era di certo la più potente e temibile: coloro che la offendevano o la insultavano non potevano dirsi al sicuro dalla sua furia o esenti da pericoli.

Il 2 aprile 1612, raccontò a Roger Nowell la sua storia. Circa vent'anni prima, mentre tornava a casa dall'accattonaggio, aveva incontrato, vicino Stonepit a Goldshaw, uno spirito o diavolo sotto forma di ragazzo con un cappotto metà nero e metà marrone, che le aveva ordinato di fermarsi, dicendole che, se gli avesse dato la sua anima, avrebbe potuto avere in cambio qualsiasi cosa. Lei gli aveva chiesto come si chiamasse e lo spirito aveva risposto che il suo nome era Tibb.

Nella speranza di un guadagno, secondo la promessa, Demdike aveva accettato di dargli la sua anima e nei successivi cinque o sei anni questi le era apparso in diverse occasioni, alle prime luci del giorno, chiedendole cosa volesse avere o fare. Lei aveva risposto ogni volta che non voleva ancora niente. E così, verso la fine di quei sei anni, un sabato mattina, mentre era addormentata e teneva sulle ginocchia un bambino piccolo, lo spirito le era apparso nelle sembianze di un cane marrone. Questo si era spinto sulle sue ginocchia per succhiarle il sangue. Non avendo altro che il grembiule addosso, l'aveva morsa sotto il braccio sinistro. Svegliandosi, aveva esclamato: «Gesù, salva il mio bambino!», e il cane marrone era scomparso dalla sua vista. Questi fatti l'avevano resa quasi completamente pazza per otto settimane.

Alizon sospettava che la nonna fosse stata l'artefice di alcuni casi di stregoneria. Uno di questi riguardava la trasformazione del latte in burro, l'altro la morte di una mucca di John Nutter di Bulhole: la bestia era malata e il suo proprietario aveva chiesto a Demdike di curarla[30]. La donna aveva acconsentito, così, verso le dieci di sera, aveva chiesto alla nipote di accompagnarla fuori casa: la nonna, infatti, era cieca. Era rimasta lì per mezz'ora, poi Jennet, la sorellina di Alizon, l'aveva fatta rientrare, ma nessuno poteva dire cosa avesse fatto nel frattempo.

---

[30] Questo è un chiaro esempio di come la popolazione della zona si rivolgesse a Demdike per le sue capacità di guaritrice.

Purtroppo la mattina successiva la mucca era morta e la donna era stata accusata di averla uccisa con la stregoneria.

Il caso più grave, però, riguardava un omicidio avvenuto due anni prima. Alizon raccontò che Richard Baldwin di Wheathead aveva litigato con sua nonna e quindi non le aveva permesso di andare più sulla sua terra. Dopo quattro o cinque giorni, il rituale serale si era ripetuto: verso le dieci, mentre le tenebre prendevano il sopravvento sul giorno e le stelle salivano alte nel cielo, la nonna le aveva chiesto di condurla fuori, cosa che lei aveva fatto. Dopo circa un'ora, la sua sorellina Jennet era andata a riprenderla. La mattina dopo una figlia di Richard Baldwin si era ammalata: languì per circa un anno e poi morì. Alizon pensava che sua nonna avesse stregato a morte la bambina. Inoltre, dopo il litigio l'aveva sentita maledire Baldwin varie volte.

Il motivo del diverbio fu spiegato da Demdike stessa. Poco prima dello scorso Natale, sua figlia Elizabeth era andata ad aiutare la gente di Richard Baldwin al mulino. Aveva poi condotto Demdike da Baldwin per chiedere di darle qualcosa per l'aiuto prestato. Quando le aveva viste, Baldwin aveva intimato loro di uscire dal suo terreno e le aveva insultate. A quel punto era apparso Tibb e aveva suggerito a Demdike di vendicarsi di lui. Ella aveva accettato, ma lo spirito era scomparso dalla sua vista e lei non lo aveva visto più.

In aggiunta a questi episodi, Demdike rivelò che il modo più rapido per togliere la vita a un uomo con la stregoneria è realizzare una figura d'argilla simile alla forma della persona che si intende uccidere e asciugarla accuratamente; quando la si vuole far ammalare in un punto più che in un altro, bisogna prendere una spina o uno spillo e pungere quella parte della figura che in tal modo si ammalerà; e quando si vuol distruggere una parte del corpo, si deve prendere quella parte della figura e bruciarla. Se si vuole distruggere tutto il corpo, allora si deve prendere il resto della figura e bruciarla: così il corpo morirà. Questa pratica sarà riportata anche da James Device in relazione a diversi altri omicidi.

Probabilmente il giudice Nowell, interrogando Demdike, l'aveva spinta a raccontare il modo in cui avveniva il rituale, ma senza riuscire a farla autoincriminare.

Ai giudici che glielo chiederanno, Alizon risponderà di non poter far nulla per migliorare le condizioni di John Law, ma se la nonna fosse stata in vita avrebbe potuto fare sicuramente qualcosa. Demdike, infatti, morirà in attesa del processo, probabilmente troppo provata dalle sofferenze della prigionia. Mi piace pensare che questa vecchia, cieca e potente progenitrice di una stirpe di streghe per sfuggire alle mani degli inquisitori si sia servita della morte – o forse del suo Tibb.

Non solo Alizon e Demdike, ma molte delle streghe inglesi, come vedremo anche in seguito, erano accompagnate dai famigli, che si presentavano loro sotto forma umana o animale, oppure come entità invisibili: erano i *familiar spirits*, che servivano le streghe, vivevano presso di loro e da queste venivano nutriti con il sangue direttamente dal loro corpo. In cambio dell'anima e della forza simboleggiata dal sangue, il famiglio prometteva ricchezza e vendetta: uno scambio che a lungo andare indeboliva la strega e la conduceva alla rovina.

Il castello di Lancaster in una cartolina del 1905
in cui è rappresentato l'ingresso attraverso il quale i giudici accedevano all'edificio principale e alla corte.

Il castello di Lancaster in una cartolina del 1905
in cui è rappresentata la parte riedificata durante il regno di Elisabetta I.

VI
Chattox, la strega rivale

Chattox, la matriarca dell'altra famiglia che si supponeva fosse coinvolta nella stregoneria a Pendle e dintorni, era una donna molto anziana, fragile e quasi cieca. Si era avvicinata alle arti oscure da diverso tempo ed era considerata estremamente pericolosa. Era solita parlottare tra sé e sé, ma nessuno sapeva cosa dicesse. Viveva nella foresta, naturalmente, ormai riconosciuta come sede di una malvagia schiera di streghe.

Quando il giudice Nowell spostò il suo interesse su di lei, Alizon cercò forse di vendicarsi di alcuni torti subiti in passato; infatti, undici anni prima, qualcuno aveva fatto irruzione nella "fire-house" di Malkin Tower, probabilmente l'edificio della dimora dove si trovava il focolare. In quell'occasione, lei e sua madre erano state derubate di alcuni vestiti e beni alimentari e, la domenica successiva, avevano visto la figlia di Chattox, Bessie, indossare proprio quei vestiti.

Se il furto aveva dato origine all'aperta contesa tra le due famiglie, la situazione doveva essere tesa anche in precedenza: quello stesso anno, infatti, John Device, il padre di Alizon, era morto per mano di Chattox. Da diverso tempo avevano stretto un patto: poiché aveva grande timore di lei, John le corrispondeva 8 libbre di farina d'avena all'anno affinché, in cambio, non danneggiasse lui e i suoi beni. Quel cibo le era stato dato puntualmente, fino a quando l'uomo spirò. Sul letto di morte, aveva supposto che Chattox l'avesse stregato; l'anno precedente, purtroppo, forse a causa di una carestia, non aveva potuto fornirle quell'avena.

Le accuse non finirono qui. Due anni prima, mentre Alizon si trovava nella casa di Anthony Nutter di Pendle in compagnia di Anne, sua figlia, era venuta lì anche Chattox. Vedendola, l'amica si era messa a ridere. La strega, contrariata, aveva detto che avrebbe incontrato chi la stava deridendo. Il giorno dopo Anne si era ammalata e dopo tre settimane era morta.

Quello stesso anno, aveva ucciso anche due membri della famiglia Moore. Si sospettava che fosse stata proprio lei, infatti, a stregare la bevanda di John Moore di Higham. In seguito, uno dei suoi figli, chiamato John anche lui, si era ammalato e nel giro di sei mesi era morto. Quando era ancora sofferente a casa, Chattox era stata vista seduta nel suo giardino con una figura d'argilla simile a un bambino nascosta nel grembiule: la madre di Alizon riteneva che fosse la figura del piccolo Moore.

Demdike non si lasciò sfuggire l'occasione di attaccare la rivale e, astutamente, discolparsi a sua volta. Circa sei mesi prima che Robert Nutter, membro di una famiglia di proprietari terrieri, morisse, era andata a casa di Thomas Redferne. Lì vicino aveva visto sua moglie Anne Redferne e Chattox, ciascuna su un lato di un fosso. Accanto a loro giacevano due figure d'argilla e Anne lavorava il suo impasto per realizzare la terza. Mentre passava, Tibb le era apparso sotto forma di gatto nero e le aveva detto: «Torna indietro e fai come loro». «Cosa stanno facendo?». «Stanno facendo tre figure». «Di chi sono le figure?». «Sono le figure di Christopher Nutter,

Robert Nutter e Marie, moglie di Robert Nutter». Ma lei non era voluta tornare indietro per aiutarle e lo spirito, indispettito, l'aveva spinta nel fosso facendole versare il latte che teneva in un contenitore. In quel momento era svanito dalla sua vista, ma poco dopo le era apparso di nuovo, stavolta in forma di lepre, e aveva camminato con lei per circa quattrocento metri senza dire nulla.

Al giudice Nowell che senz'altro la incalzava con le domande, Demdike aveva già mostrato di conoscere il rituale delle figure d'argilla, ma con questo racconto chiarì di non praticarlo, tanto da essersi fermamente rifiutata di aiutare Chattox e Anne anche quando Tibb l'aveva incitata; allo stesso tempo, però, denunciò sia la rivale che la figlia.

Il 2 aprile 1612, dopo tutte queste accuse, Chattox rilasciò una confessione volontaria. Incolpata così apertamente, pianse e riconobbe che era tutto vero. Chiese a Dio perdono per i suoi peccati e pregò umilmente il Signore di essere misericordioso con sua figlia, Anne Redferne.

Quattordici o quindici anni prima, per quattro anni di seguito, "una cosa simile a un cristiano" si era manifestata chiedendole la sua anima. Alla fine, aveva accettato. Si trovava allora a casa, nella foresta di Pendle. Il diavolo, che aveva le sembianze di un uomo[31], le aveva detto che non le sarebbe mancato nulla e che sarebbe stata vendicata di chi volesse. Le aveva anche ordinato di chiamarlo con il nome di Fancy: quando desiderava qualcosa o voleva vendicarsi, avrebbe dovuto semplicemente chiamarlo e lui sarebbe stato pronto.

---

[31] In altre occasioni prenderà le sembianze di un orso.

Non molto tempo dopo era tornato, sempre in forma umana, e le aveva chiesto il permesso di ferire la moglie di Richard Baldwin di Pendle; Chattox non aveva acconsentito, allora l'aveva morsa sul braccio e poi era svanito. Senza il suo consenso, il famiglio non poteva agire e nuocere le vittime designate, eppure poteva ferire proprio la strega con morsi e spinte.

Riguardo all'episodio di John Moore, Chattox raccontò di essere stata mandata a chiamare dalla moglie per aiutarli con una bevanda che era stata stregata. L'aveva corretta recitando questo incantesimo:

Three biters hast thou bitten,
The heart, ill eye, ill tongue:
Three bitter shall be thy boote,
Father, son, and holy ghost a gods name.
Five pater-nosters,
Five avies and a creede,
In worship of five wounds of our lord.

Ma vedendola all'opera, la donna l'aveva rimproverata e si era persino addolorata per lei. Allora Chattox, sentendosi disprezzata e volendo vendicarsi di quella irriconoscente, aveva chiamato Fancy e gli aveva ordinato di mordere una mucca di Moore sulla testa e di farla impazzire. Il diavolo, nelle sembianze di un cane marrone, aveva obbedito prontamente: la mucca era impazzita ed era morta dopo circa sei settimane.

Aveva invocato il suo famiglio anche in un'altra occasione: avendo constatato che Anthony Nutter di Pendle favoriva Demdike, gli aveva ordinato di uccidergli una mucca; quello aveva obbedito e la bestia era morta.

Anne Redferne e Chattox.
(William Harrison Ainsworth, The Lancashire Witches.
Illustrazione di John Gilbert, 1854).

La vicenda relativa a Robert Nutter era la più grave, perché Demdike era stata testimone oculare della stregoneria in atto. Chattox raccontò allora che l'uomo aveva desiderato sua figlia Anne, ma lei, che era sposata con Thomas Redferne, lo aveva rifiutato. Irritato, aveva preso il cavallo e se ne era andato dicendo che se mai quel terreno gli fosse appartenuto, non avrebbe mai permesso che lei vi abitasse.

Anne Redferne era probabilmente tenutaria di The Laund, proprietà dei Nutter, e Robert aveva portato avanti nei suoi confronti un tentativo fallimentare di una sorta di *ius primae noctis*. Chattox, risentita per quel comportamento, aveva invocato Fancy e gli aveva ordinato di vendicarsi di lui. Questi era vissuto circa tre mesi e poi era morto.

Anne non confessò, ma ormai Demdike l'aveva denunciata. Lo stesso giorno, si aggiunse la dichiarazione rilasciata da Margaret Crooke, sorella di Robert Nutter, secondo la quale, dopo aver avuto un disaccordo con Anne, suo fratello si era ammalato ed era morto per colpa sua.

Il materiale fornito dagli imputati e dai testimoni divenne tale da richiedere indagini più approfondite. Il 3 aprile, il giudice Nowell fece quindi arrestare non solo Alizon Device, ma anche Demdike, Chattox e Anne Redferne. Furono imprigionate nel castello di Lancaster, dove restarono più di quattro mesi, in attesa delle assise d'estate.

Il processo alle quattro donne avrebbe potuto segnare la fine di quella intricata questione fatta di relazioni familiari, torti subiti e reciproche accuse, se non fosse stato per un raduno organizzato da Elizabeth Device il

10 aprile di quello stesso anno, Venerdì Santo. Il luogo prestabilito per l'adunanza era Malkin Tower, la casa di Demdike, lo spazio domestico entro cui, quasi come in un ben definito cerchio magico, si tramandavano le antiche conoscenze, si manifestavano gli spiriti e si praticavano i rituali.

VII
Le dichiarazioni fatali di James Device

Il 27 aprile 1612 James Device, fratello di Alizon, fu nuovamente interrogato e rilasciò delle dichiarazioni che si dimostreranno fatali per se stesso e molte altre persone. Non dobbiamo stupirci né pensare che James o gli altri imputati fossero degli sconsiderati che testimoniavano senza pensare alle conseguenze. Noi non sappiamo in quali condizioni fisiche e psicologiche versassero né quanto del materiale fornito provenisse dal loro reale vissuto e quanto fosse invece affermato sotto la pressione dei metodi coercitivi degli inquisitori. Alcuni di loro probabilmente parlarono nella vana speranza di salvarsi. Il nostro sguardo sui protagonisti di questa storia non deve essere supponente o giudicante – furono giudicati a sufficienza in passato – ma di comprensione e di pietà.

James raccontò che circa tre anni prima, mentre era a casa di sua nonna Demdike insieme a sua madre Elizabeth, era giunto un cane marrone, che quest'ultima chiamava Ball. Le aveva detto di realizzare una figura d'argilla con le fattezze di John Robinson, detto Swyer, asciugarla e sbriciolarla a poco a poco, affinché anche Swyer stesso si logorasse. In due o tre giorni la figura si sarebbe tutta distrutta ed egli sarebbe morto a breve. Dopo l'accordo, il cane era svanito improvvisamente dalla sua vista. Il giorno seguente, aveva visto sua madre prendere dell'argilla all'estremità occidentale del terreno, farne una figura con le sembianze di Swyer, portarla in casa e asciugarla per due giorni. Dopo l'essiccamento, la madre aveva atteso altri due giorni e poi aveva sgretolato la figura, ogni giorno un po', per tre settimane. Altri due giorni e Swyer era morto. La stessa Elizabeth confesserà di averlo stregato perché l'aveva rimproverata di aver avuto "una figlia bastarda" da un certo Seller.

Dopo aver denunciato in questo modo la madre, James non risparmiò neppure se stesso. Inizialmente raccontò che, il Giovedì Santo di due anni prima, Demdike gli aveva ordinato di andare in chiesa per ricevere la comunione (il giorno successivo sarebbe stato il Venerdì Santo) e di non mangiare l'ostia che gli avrebbe dato il ministro, ma di portarla via e consegnarla a una cosa – questa la parola utilizzata – che avrebbe incontrato mentre tornava a casa. Nonostante le raccomandazioni della nonna, aveva mangiato l'ostia e, sulla via del ritorno, aveva incontrato quella cosa, che aveva minacciato di farlo a pezzi. Si era rivolto a Dio e la cosa era scomparsa. Dopo circa quattro giorni, vicino a Newchurch, era apparso davanti a lui un cane marrone, che gli aveva chiesto di dargli la sua anima e in cambio avrebbe potuto vendicarsi di chiunque volesse, ma lui aveva risposto che la sua anima non era qualcosa di sua proprietà da poter dare a qualcun altro, bensì del suo salvatore Gesù Cristo. James aveva quindi rifiutato sia di dissacrare l'ostia sia di vendere l'anima al diavolo. Ma purtroppo la sua storia non finì così: anzi, prese una piega completamente diversa.

Due o tre giorni dopo quell'episodio, era andato a Carr Hall, e una certa Mrs. Towneley aveva accusato lui e sua madre di averle rubato alcune zolle di terra (forse della torba utilizzata per il riscaldamento); gli aveva ordinato di andare via ma, mentre lui usciva dalla porta, quella gli aveva sferrato un colpo tra le spalle. Un paio di giorni dopo, gli era apparso un cane nero, lo aveva indotto a ripensare al litigio e gli aveva ordinato di realizzare una figura d'argilla con le sembianze di Mrs. Towneley. Con l'aiuto del suo spirito, chiamato Dandy, l'avrebbe uccisa. E così il cane era svanito dalla sua vista. Il mattino seguente, James aveva preso l'argilla, aveva realizzato una figura con le sembianze della donna e poi di notte l'aveva asciugata al fuoco. Dopo un giorno, aveva cominciato a sbriciolarla, ogni giorno un po', per una settimana. Dopo due giorni tutto era stato sgretolato e Mrs. Towneley era morta.

Più di recente, nell'ultima Quaresima, John Duckworth di The Laund gli aveva promesso una vecchia camicia. Dopo due settimane, James era andato a casa sua per prenderla, ma Duckworth non gliel'aveva più voluta dare. Uscendo dalla casa, Dandy gli era apparso e avevano avuto questo scambio di battute: «Tu hai toccato Duckworth». «Non l'ho toccato». «Sì, l'hai toccato e quindi ho potere su di lui». Dopodiché aveva desiderato che il suo spirito uccidesse Duckworth e in capo a una settimana questi era morto. Il solo tocco di James aveva incanalato il suo potere magico contro la vittima e, con l'aiuto del famiglio, lo aveva fatto morire. Lo sguardo, la parola, il respiro e proprio il tocco erano potenti strumenti di guarigione o morte della stregoneria.

Una delle dichiarazioni di James è particolarmente importante, perché coinvolge una nuova persona, accusata di aver ucciso, circa un anno prima, un certo Henry Mitton, insieme a sua nonna Demdike e a sua madre

Elizabeth Device. Si trattava di Alice Nutter, moglie di Richard Nutter di Roughlee. La nonna aveva chiesto a Mitton un penny e lui glielo aveva negato. Potrebbe sembrare strano che un uomo venisse stregato a morte solo per non aver concesso l'elemosina, ma questo tipo di ritorsioni rientra perfettamente nel quadro in cui Demdike si mostra come la strega più potente, alla furia della quale nessuno può sfuggire.

Alice Nutter rappresentava un'eccezione, perché non era una povera donna come le altre, ma apparteneva a una famiglia di proprietari terrieri piuttosto benestanti. Aveva realmente preso parte alla stregoneria per uccidere Mitton o il suo nome fu introdotto forzatamente dai giudici per altri fini?

Lei e le altre streghe torneranno nei racconti di James Device. Quel 27 aprile, infatti, in maniera del tutto imprevedibile rilasciò un'altra dichiarazione fatale, destinata ad ampliare il processo a dismisura.

VIII
Raduno di streghe a Malkin Tower

Le streghe più pericolose, malvage e dannate della contea non erano state arrestate nemmeno da una settimana che i loro figli e amici, fuori di prigione e liberi, tennero un incontro speciale. Quel Venerdì Santo, il 10 aprile 1612, si riunirono in un solenne appuntamento a Malkin Tower e celebrarono il raduno "con grande allegria, compagnia e conversazioni".

Erano presenti parenti e amici della famiglia di Demdike, e quando la notizia giunse alle sue orecchie, Roger Nowell decise di indagare a fondo: l'incontro si prefigurava come un vero e proprio sabba.

Tutto scaturì da una inaspettata testimonianza di James Device, in cui dichiarò che lo scorso Giovedì Santo, la sera, aveva rubato una pecora a John Robinson di Barley come cibo per la festa, l'aveva portata a casa di sua nonna Demdike e lì l'aveva uccisa. Il giorno seguente, essendo Venerdì Santo, verso le dodici, avevano pranzato a casa con un certo numero di persone, di cui tre erano uomini e il resto donne.

Incalzando il testimone, Nowell lo indusse a confessare le vere ragioni dell'incontro, che risultarono fondamentalmente tre. Nel grande raduno di streghe a Malkin Tower era stato decretato, innanzitutto, che il sindaco di

Lancaster Thomas Covell[32] sarebbe stato ucciso prima delle prossime assise. In secondo luogo, il castello di Lancaster sarebbe stato fatto saltare in aria. Infine, sarebbero stati inviati aiuto e assistenza a Jennet Preston per uccidere Thomas Lister junior, colui che l'aveva accusata.

Tra questi intenti, quello di far esplodere il castello di Lancaster appare singolarmente simile al tentativo fallito nel 1605 di Guy Fawkes e degli altri congiurati. Davvero le persone riunite per il Venerdì Santo avevano in mente questo piano e le capacità pratiche di portarlo avanti o, piuttosto, fu un elemento introdotto dai magistrati e forzatamente riportato da James Device? A questo proposito giova ricordare ancora una volta che l'opera di Potts fu dedicata a Thomas Knyvet e a sua moglie Elizabeth: Knyvet era colui che aveva catturato Guy Fawkes e salvato il re.

Essendo presente al raduno, James poté menzionare le streghe che vi avevano preso parte, anche perché molte di loro le conosceva bene: la moglie di Hugh Hargreaves di Barley; la moglie di Christopher Bulcock di Moss End e suo figlio John; la madre di Myles Nutter; Elizabeth, la moglie di Christopher Hargreaves di Thurniholme; Christopher Howgate e sua moglie Elizabeth; Alice Gray di Colne e Katherine Hewitt, detta Mouldheels, moglie di John Hewitt di Colne; lui e sua madre.

In quell'occasione festosa, tra il cibo e i lunghi discorsi tra amici, Katherine Hewitt e Alice Gray avevano

[32] Sindaco di Lancaster per sei volte, fu anche medico legale, custode del castello per 48 anni e colui che tenne prigioniere le streghe della foresta di Pendle.

raccontato alle altre streghe di aver ucciso la figlia di Ann Foulds di Colne. John Bulcock e sua madre Jane avevano ammesso, a loro volta, di aver stregato, a New Field Edge nello Yorkshire, Jennet, la moglie di John Deane.

Tutto sembrava essere andato per il meglio, tanto che, prima di separarsi, le streghe avevano organizzato un altro incontro per il 12 del mese, questa volta a casa di Jennet Preston, la quale aveva promesso di organizzare per loro una grande festa. Se nel frattempo avessero avuto modo di incontrarsi, allora si sarebbero visti tutti nella brughiera di Romleyes[33].

Alla fine, le streghe erano uscite dalla casa ed erano montate a cavallo; Jennet era stata l'ultima: quando anche lei era salita sul destriero, tutte erano subito scomparse dalla vista.

Scoperte le loro trame, le stregonerie e gli omicidi, i partecipanti furono tutti arrestati e portati davanti ai giudici Nowell e Bannester. Alla fine dell'inchiesta, otto persone furono accusate di stregoneria e arrestate: Elizabeth Device, James Device, Alice Nutter, Katherine Hewitt, John Bulcock, Jane Bulcock, Alice Grey e Jennet Preston. Furono tutti imprigionati a Lancaster, dove si trovavano già le altre quattro streghe. Solo Jennet Preston, che viveva nello Yorkshire, appena oltre il confine, fu portata a York, dove si trovava il tribunale di riferimento.

Il 19 maggio, ancora detenuta a Lancaster, Chattox rilasciò una confessione a William Sandes, James Anderton e Thomas Covell, per chiarire che era stata persuasa da Demdike ad accettare di divenire soggetto di quella

---

[33] Robmalds Moor, brughiera che si stende nel West Yorkshire, tra le città di Ilkley e Keighley.

diabolica e abominevole pratica della stregoneria: la incolpava, dunque, della sua infelice posizione attuale.

Circa quattordici anni prima, verso la mezzanotte, il diavolo le era apparso nelle sembianze di un uomo proprio a casa di Demdike. Quello spirito malvagio voleva che lei divenisse sua suddita e che gli desse la sua anima. E lei aveva ceduto, sotto le esortazioni di Demdike. Al che lo spirito le aveva detto che doveva avere una parte del suo corpo da cui poter essere nutrito. Lei dapprima aveva rifiutato, ma poi, quando lui aveva chiesto un posto sul fianco destro vicino alle costole, aveva acconsentito.

In quell'occasione c'era anche una cagna maculata che le aveva detto che avrebbe avuto oro, argento e ricchezze materiali a suo piacimento. E allo stesso tempo c'erano delle vettovaglie, come carne, burro, formaggio, pane e bevande, e le due streghe erano state invitate a mangiare a sazietà. Dopo aver mangiato, Fancy e Tibb avevano portato via il resto. Sebbene mangiassero, non erano mai sazie; inoltre, i due spiriti illuminavano il banchetto, ma non avevano né fuoco né lume di candela.

Forse questo strano racconto fu un tentativo tardivo di Chattox di addossare la colpa alla rivale di sempre e salvarsi in una situazione che, giorno dopo giorno, si faceva sempre più difficile e pericolosa. Dopo due mesi di interrogatori, in estate sarebbero iniziati i processi per tutti loro, dapprima a York e poi a Lancaster. Ma un'accusatrice d'eccezione doveva far ancora la sua entrata in scena: era una bambina di nove anni, la piccola Jennet, la figlia illegittima di Elizabeth Device.

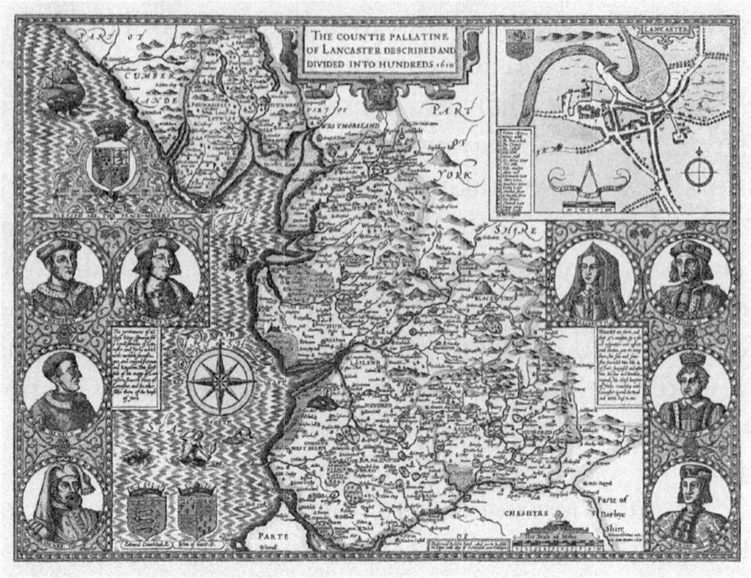

Mappa del Lancashire nel 1610 realizzata da John Speed.
In alto a destra: dettaglio della città di Lancaster. Ai lati: ritratti dei reali della casa di Lancaster e di York (1627).

IX
Jennet Device, la bambina accusatrice

La prima delle streghe a essere processata fu Jennet Preston. Poiché viveva a Gisburn, un villaggio che allora si trovava entro i confini dello Yorkshire, fu processata a York, separatamente dalle altre.

Le assise si riunirono il 27 luglio 1612. Jennet era accusata dell'omicidio per stregoneria, avvenuto nel 1607, di Thomas Lister di Westby Hall, un proprietario terriero locale. Si dichiarò non colpevole, ma la testimonianza della piccola Jennet Device, che la indicò tra i partecipanti del raduno a Malkin Tower, indusse il giudice a dichiararla colpevole e condannarla a morte. La sua esecuzione avvenne il 29 luglio a Knavesmire, il luogo delle impiccagioni pubbliche della città.

Intanto, a Lancaster, le altre streghe attendevano di conoscere il loro destino. Il 16 agosto, una domenica pomeriggio, i giudici delle assise giunsero lì da Kendal, e Covell presentò loro un elenco con i nomi dei prigionieri che erano stati affidati alla sua custodia. Quei nomi erano i seguenti:

- Elizabeth Southern (Demdike);
- Anne Whittle (Chattox);
- Elizabeth Device;
- James Device;
- Alizon Device;

- Anne Redferne;
- Alice Nutter;
- Katherine Hewitt;
- John Bulcock;
- Jane Bulcock;
- Isabel Robey;
- Magaret Pearson.

Altri nomi erano riportati in un secondo gruppo, registrato come "streghe di Samlesbury", costituito da:

- Jennet Bierley;
- Elizabeth Astley;
- Ellen Bierley;
- Alice Gray;
- Jane Southworth;
- Isabell Sidegraves;
- John Ramesden;
- Lawrence Haye.

Nei giorni seguenti, dal 17 al 19 agosto, si svolse il processo di tutti gli accusati.

Nel frattempo, come abbiamo avuto già modo di vedere, Demdike era morta in prigione. Era accusata della morte di Richard Assheton di Downham, di un figlio di Richard Baldwin di Wheathead e di Henry Mitton di Roughlee.

La sua eterna rivale, Chattox, fu accusata dell'omicidio di Robert Nutter. Si dichiarò innocente, ma in precedenza aveva rilasciato una confessione a Nowell e pertanto fu giudicata colpevole.

Jennet Device fu una testimone chiave dell'accusa. Identificò le persone che avevano partecipato al raduno a Malkin Tower e nella sua denuncia coinvolse anche la madre, il fratello e la sorella. Può sembrare strano che a un'accusatrice così giovane fosse data tanta importanza, al punto da rendere le sue parole cruciali, ma non dobbiamo dimenticare che era stato il re in persona a introdurre la possibilità di ascoltare le testimonianze dei bambini nel suo *Daemonologie*.

Quando Jennet fu portata nella corte e le fu chiesto di testimoniare contro sua madre, Elizabeth iniziò a maledirla e a urlare contro di lei, costringendo i giudici a farla allontanare. La bambina credeva che sua madre fosse una strega da tre o quattro anni e che avesse un famiglio di nome Ball, che si manifestava sotto forma di cane marrone. Aveva assistito a delle conversazioni tra Ball e sua madre, nelle quali lei gli aveva chiesto di aiutarla in vari assassini. Elizabeth Device fu giudicata colpevole per gli omicidi di James Robinson, John Robinson (Swyer) e Henry Mitton.

Alizon Device, che aveva aperto la strada alle indagini, fu condannata a morte per la stregoneria contro John Law e l'omicidio del figlio di Henry Bulcock.

James Device fu accusato di aver ucciso Anne Towneley e John Duckworth. Si dichiarò non colpevole, ma anche lui aveva già rilasciato una confessione. Sua sorella Jennet, inoltre, raccontò che il fratello aveva chiesto a un cane nero di aiutarlo nell'assassinio di Towneley. James fu condannato per gli omicidi di Anne Towneley, John Duckworth, Blaze Hargreaves di Higham e John Hargreaves di Goldshaw Booth.

Anne Redferne fu accusata dell'omicidio di Robert Nutter, ma le prove contro di lei erano insufficienti e così venne assolta. Il giorno seguente, il 19 agosto, affrontò il suo secondo processo, questa volta per l'omicidio di Christopher Nutter, il padre di Robert. Si dichiarò non colpevole, ma il racconto di Demdike, che accusava Anne di aver realizzato figure d'argilla della famiglia Nutter, non le lasciò scampo. Fu dichiarata colpevole.

Alice Nutter, la vedova di Richard Nutter, un proprietario terriero la cui famiglia era profondamente radicata nella foresta di Pendle, era un'accusata insolita essendo relativamente benestante. Tutte le altre persone incriminate erano infatti povere o socialmente isolate, mentre Alice era una donna ricca, "aveva una grande proprietà e bambini di buone speranze: secondo l'opinione comune, di buon carattere, lontana da qualsiasi invidia o malizia". Fra le streghe della foresta di Pendle, rappresentava l'eccezione. Eppure non era un'eventualità impossibile: lo stesso re Giacomo in *Daemonologie* aveva suddiviso le streghe in ricche e povere e chiarito che il diavolo le tentava in maniera diversa, stimolando il loro desiderio di ricchezza e di vendetta.

Potts sottolineò nel suo resoconto come il giudice Bromley avesse prestato particolare attenzione nel vagliare la posizione di una donna dello stato sociale di Alice.

La principale accusatrice fu ancora una volta Jennet Device. Nel controinterrogatorio, la bambina andò da Alice, la prese per mano e la incolpò, dichiarando che era presente al raduno a Malkin Tower. Allo stesso tempo, rifiutò di accusare un'altra donna, che infatti era stata astutamente inventata dal giudice nel tentativo di sgominare un'eventuale falsa accusa. Anche James Device aveva affermato che Alice Nutter era presente al raduno a Malkin Tower. Elizabeth Device, madre dei due testimoni, confermò di aver "stregato a morte Henry Mitton" insieme a Demdike e Alice Nutter, proprio come nel racconto di James.

Non conosciamo le ragioni che condussero Alice al raduno delle streghe. Alcuni sostengono che possa essere stata invitata mentre si recava alla messa cattolica del Venerdì Santo, segreta e illegale, e che si sia rifiutata di parlare in tribunale per non coinvolgere altri cattolici. Molti membri della famiglia Nutter lo erano. In precedenza, due di loro erano stati giustiziati come preti gesuiti, John Nutter nel 1584 e suo fratello Robert nel 1600, ma lei era la prima coinvolta addirittura in un processo per stregoneria.

Alice depose la sua dichiarazione di non colpevolezza per l'accusa dell'omicidio di Henry Mitton e non raccontò nient'altro. Fu dichiarata colpevole.

Katherine Hewitt, detta Mould-Heeles, era la moglie di un sarto di Colne. Aveva partecipato al raduno a Malkin Tower insieme ad Alice Gray, e con lei aveva raccontato di aver ucciso una bambina chiamata Anne Foulds, secondo le prove fornite da James Device. Anche Jennet Device la riconobbe tra i presenti. Fu giudicata colpevole.

Jane Bulcock e suo figlio John Bulcock, di Newchurch, furono accusati dell'omicidio di Jennet Deane. Negarono di essere stati presenti al raduno a Malkin Tower, ma Jennet Device li riconobbe entrambi come due delle persone che si trovavano a casa di sua nonna: Jane era seduta al banchetto e suo figlio girava lo spiedo sul fuoco. Questo particolare introduce un elemento tipico dell'iconografia del sabba: forse la piccola Jennet era stata ben istruita su cosa dovesse dire. Furono giudicati colpevoli.

Isabel Robey era di Windle, sobborgo di St. Helens. Nel luglio del 1612, mentre le indagini a Lancaster erano in corso, i vicini la accusarono di essere una strega. L'accusatore principale era Robert Chaddock che, intorno al 1608, aveva sposato sua nipote. Poiché Isabel disapprovava il matrimonio, in seguito ad alcuni litigi, lui la accusò di aver usato la stregoneria per farlo cadere malato. Un altro testimone dichiarò che Isabel aveva elemosinato del latte che lui le aveva rifiutato, così poco dopo lo aveva fatto ammalare.

Il 12 luglio le accuse furono raccolte direttamente nella sua cittadina. Isabel fu poi portata nella prigione di Lancaster e processata il 19 agosto. Si disse innocente, ma quelle testimonianze indussero i giudici a dichiararla colpevole.

Il 20 Agosto 1612, Chattox, Elizabeth Device, James Device, Alizon Device, Anne Redferne, Alice Nutter, Katherine Hewitt, John Bulcock, Jane Bulcock e Isabel Robey furono impiccati presso Gallows Hill.

Riusciamo a vederli, quei disgraziati, costretti a salire i gradini del patibolo. Alcuni di loro forse piangevano, altri erano composti e impauriti, altri ancora volevano solo mettere fine alla sventura che li aveva colpiti. E possiamo immaginarli, dopo poco, con la corda stretta attorno al collo e la testa reclinata da una parte, le mani legate e i corpi che scendevano lunghi uno accanto all'altro. La morte, che porta un'immobilità quasi irreale, aveva forse lasciato che oscillassero nell'aria umida del Lancashire, al soffio mutevole del vento.

Il freddo, la fame, la povertà estrema, l'impossibilità di seguire il proprio credo rendevano dura la vita in quell'angolo dell'Inghilterra. Davanti allo scempio compiuto da chi aveva avuto in sorte un'esistenza più agiata, non c'è spazio per il giudizio o il disprezzo nei nostri cuori, che si riempiono invece di indulgenza e compassione.

La piccola Jennet forse non si era resa conto che a causa del suo comportamento scellerato sarebbe rimasta sola. Dopo aver ricoperto un ruolo da protagonista nella morte di molte persone, alla fine si ritrovò a sua volta accusata di stregoneria nel 1634, ventidue anni dopo. Il principale testimone d'accusa era Edmund Robinson, un bambino di dieci anni.

X
Le streghe di Samlesbury

Oltre alle streghe della foresta di Pendle, l'elenco dei prigionieri presentato da Covell riportava i nomi di un secondo gruppo, le cosiddette streghe di Samlesbury.

Il processo del 19 agosto 1612 alle prime tre di loro, Jennet Bierley, Ellen Bierley e Jane Southworth, costituisce un episodio curioso, a cui Potts dedicò un'ampia parte del suo documento. Pur dichiarandosi innocenti, furono accusate di aver praticato la stregoneria contro una ragazza di quattordici anni di nome Grace, figlia di Thomas Sowerbutts. Grace raccontò che alcuni anni prima era stata vessata da alcune donne che l'avevano violentemente tirata per i capelli e adagiata nel fienile di Ellen Bierley. Non molto tempo dopo, aveva incontrato Jennet Bierley, dapprima nel suo aspetto usuale e poi sotto forma di cane nero. Il racconto di Grace riportava persino un episodio di uccisione rituale di un bambino e cannibalismo, e degli abusi sessuali da parte del diavolo. Come scrisse il re, "Dio non gli concede [al diavolo] il potere di rompere le leggi della natura": ciò che oltrepassa questo limite è visto come un racconto così insolito e sorprendente da non essere creduto.

Di Jane Southworth, la terza accusata, possediamo alcune informazioni. La Riforma inglese del XVI secolo, durante la quale la Chiesa d'Inghilterra si staccò da quella cattolica, aveva diviso la famiglia Southworth di Samlesbury Hall. Sir John Southworth, il capofamiglia, era un importante ricusante, arrestato più volte per essersi rifiutato di abbandonare la sua fede. Sebbene la famiglia fosse rimasta fermamente cattolica, il figlio maggiore, John, si era convertito alla Chiesa d'Inghilterra, motivo per cui fu diseredato. John e Jane Southworth (nata Sherburne) si erano sposati intorno al 1598 e avevano vissuto a Samlesbury Lower Hall. Jane era rimasta vedova con sette figli solo pochi mesi prima di essere accusata.

Nel corso dei processi emerse che Grace Sowerbutts, la ragazza accusatrice, era stata istruita da un certo Thompson, un prete di seminario o un gesuita, che l'aveva scelta come strumento nel suo complotto contro le tre donne. In quel periodo il Lancashire era il più grande focolaio di ricusanti papisti e Samlesbury una delle loro roccaforti. Le streghe di Samlesbury erano dunque vittime di un complotto cattolico e pertanto furono assolte.

Grazie a questo caso, Potts poté introdurre nella sua opera il secondo elemento sovversivo del Lancashire oltre alla stregoneria, ossia il papismo, qui mostrato al lavoro in presa diretta, e così accattivarsi nuovamente le simpatie regali.

Nelle stesse assise, furono convocati anche Elizabeth Astley, John Ramsden, Isabel Sidegraves e Lawrence Hay, poi rilasciati apparentemente senza processo.

Due streghe furono registrate da Covell in maniera erronea nei suoi elenchi: Margaret Pearson, che compare fra le streghe di Pendle ma con le quali non ha alcuna relazione, e Alice Gray, inserita fra le streghe di Samlesbury.

Margaret Pearson era al suo terzo processo: la prima volta per aver ucciso tramite maleficio e la seconda per aver stregato un vicino, ed era stata assolta. In questo caso era accusata di aver fatto morire la cavalla di un certo Dodgson di Padiham.

Il suo primo contatto con le streghe di Pendle avvenne quando dovette condividere la cella con Chattox, nella prigione di Lancaster. Le accuse contro di lei erano deboli. Alcuni testimoni sostenevano che avesse causato la morte della cavalla e commesso altre pratiche detestabili. Jennet Booth raccontò che un giorno era andata a casa dell'accusata a cardare la lana e di aver visto un rospo, o qualcosa di molto simile a un rospo, uscire dal fuoco dove stavano facendo bollire il latte. Margaret lo aveva rimosso con le tenaglie, ma non sapeva cosa ne avesse fatto.

Chattox dichiarò, probabilmente sotto la pressione degli inquisitori, che Pearson le aveva confessato di essere una strega e di aver ucciso un cavallo con l'aiuto di uno spirito con le sembianze di un uomo dai piedi ungulati. Inoltre le aveva confessato di aver stregato fino alla morte la moglie e la figlia di un certo Childer.

Entrambe le deposizioni furono raccolte solo dopo che la donna era stata arrestata. Il 19 agosto 1612 fu dichiarata non colpevole di omicidio tramite la stregoneria, ma colpevole di aver stregato una cavalla, così fu condannata a un anno di reclusione e alla gogna per quattro giorni di mercato a Clitheroe, Padiham, Whalley e Lancaster, costretta a portare un grosso cartello stampato esplicativo della sua colpa. Il suo sembra rappresentare un caso a se stante, non avendo connessioni con le altre streghe, pur essendo nominata tra i prigionieri del castello di Lancaster.

Alice Gray fu registrata fra le streghe di Samlesbury. In realtà non era parte di quel gruppo, essendo originaria di Colne e presente al raduno a Malkin Tower. Come abbiamo già visto, Alice fu accusata con Katherine Hewitt dell'omicidio di Anne Foulds, ma non abbiamo il resoconto del suo processo. Fu dichiarata non colpevole.

Ecco allora che quell'elenco di nomi assume tutt'altro aspetto: fra le streghe di Pendle comparivano le persone condannate, fra le streghe di Samlesbury quelle rilasciate.

Le vicende delle streghe della foresta di Pendle e di Samlesbury sono esposte in maniera molto dettagliata da Thomas Potts e, come il lettore avrà certamente notato, il suo racconto combacia perfettamente con le asserzioni contenute in *Daemonologie*: la presenza di streghe povere e di streghe benestanti, l'approccio del diavolo nei loro confronti, il patto stretto e la soddisfazione delle loro necessità, la realizzazione di figure d'argilla con le sembianze della vittima, il sabba, le testimonianze dei bambini e delle altre streghe, l'attenzione a non condannare gli innocenti lasciando così liberi i colpevoli e le cospirazioni dei papisti.

Fu così che giudici e cancellieri, facendo giustizia per i crimini commessi secondo le norme vigenti all'epoca, inaccettabili al giorno d'oggi, confezionarono il loro prodotto a immagine e somiglianza di quanto scritto dal re, in modo tale da entrare nelle sue grazie, assicurarsi degli avanzamenti di carriera, raggiungere i loro scopi personali.

La vita delle persone imprigionate, condannate e impiccate era solo un effetto collaterale di poco conto nell'ambito delle loro manovre e, tutto sommato, se si esclude lo scalpore provocato dalla storia nel suo complesso, per via del numero di persone coinvolte e per l'elemento inquietante costituito dalla piccola accusatrice, delle loro esistenze misere e insignificanti non importava realmente a nessuno.

XI
La strana storia di Edmund Robinson

Erano passati più di vent'anni dai processi alle streghe di Pendle. Sul trono sedeva ora re Carlo I, figlio di Giacomo, e la giurisprudenza e la mentalità erano progredite in nome di un certo scetticismo verso la reale esistenza delle streghe. Eppure nei villaggi si continuava a parlare di quella dolorosa vicenda.

All'epoca, Edmund Robinson era un bambino di dieci anni che viveva a Wheatley Lane. Una sera tornò a casa e raccontò una strana storia ai genitori. Mentre stava raccogliendo le bacche, aveva incontrato due levrieri. Aveva provato a far sì che inseguissero una lepre, ma non lo avevano fatto. Si erano poi trasformati uno in una donna e l'altro in un ragazzo, e in seguito la donna aveva trasformato quel ragazzo in un cavallo. Lei aveva preso Edmund, lo aveva messo sul cavallo e insieme avevano cavalcato verso Hoarstones. Erano giunti a un fienile dove vivevano delle streghe. Il luogo era incantato, tanto che dal soffitto pendevano delle corde: se le streghe le tiravano, il cibo pioveva su di loro. Edmund era rimasto terrorizzato da quella scena ed era scappato via. Sulla strada verso casa aveva incontrato un altro ragazzo dall'aspetto singolare: aveva infatti i piedi ungulati. I due avevano litigato.

Con questa strana storia, il bambino credette di aver dato una spiegazione plausibile per il ritardo, la mancata esecuzione dei suoi doveri e lo stato disordinato in cui era tornato a casa.

Il padre di Edmund ascoltò l'incredibile racconto del bambino con grande interesse: evidentemente stava escogitando un modo per servirsene e trarne vantaggio. Decise di portare il ragazzo a fare un giro nella zona affinché potesse indicargli chi fossero le streghe della sua terrificante avventura. Non solo, prese anche a ricattare le donne del posto: chi di loro non avesse pagato sarebbe stata segnalata come strega da Edmund.

Nel febbraio del 1634, venti persone indicate dal ragazzo furono imprigionate e poi interrogate alle assise di Lancaster il 24 marzo. Diciassette furono giudicate colpevoli. Fra queste c'era una donna povera, di circa trent'anni. Si chiamava Jennet Davies. Non sappiamo se si trattasse della "nostra" Jennet, ma la coincidenza di nome, età e posizione sociale fa rabbrividire. Era stata una bambina accusatrice, aveva contribuito a mandare alla forca la madre e molte altre persone, e ora veniva accusata di essere una strega proprio da un bambino.

Fortunatamente i tempi erano cambiati e l'approccio generale verso le accuse di stregoneria era molto più cauto. Il giudice si rifiutò così di emettere una condanna a morte e decise di deferire il caso al re.

Nel riesame del 16 luglio, Edmund ammise di aver inventato tutto. Leggiamo in un documento le sue stesse parole: "Diverse volte ho sentito i vicini parlare tra loro, mentre sedevano insieme, di una festa delle streghe che si tenne in un luogo chiamato Mocking Tower nella foresta di Pendle nella contea di Lancaster circa 20 anni fa, alla quale festa vennero diverse streghe, e molte di loro furono arrestate e giustiziate a Lancaster per stregoneria".

Il bambino aveva udito il racconto del raduno a Malkin Tower e aveva pensato di ricrearne uno simile a Hoarstones. Aveva quindi collocato le persone accusate in quell'ambito, perché aveva sentito dire da diversi vicini che erano delle streghe e che avevano causato loro delle malattie.

Confessò di aver ideato tutto da solo, senza il consiglio di nessuno, semplicemente aggiungendo nuovi elementi di volta in volta. Inizialmente lo aveva fatto per evitare una punizione della madre quel giorno in cui era tornato a casa inzaccherato dopo aver giocato con gli altri bambini invece di riportare a casa le mucche, poi, vedendo che in molti gli credevano, aveva preso sempre più gusto nel raccontare la sua storia. Dichiarò di essere "molto dispiaciuto" per quello che era accaduto.

Alla fine anche le diciassette persone furono liberate. Ma Jennet era ancora una povera mendicante, proprio come quando era bambina, e non aveva il denaro sufficiente per pagare vitto e alloggio alla prigione. All'epoca chi non possedeva i soldi per pagare non veniva scarcerato, anche se innocente.

I registri della prigione di Lancaster del 22 agosto 1636 mostrano che Jennet Device risiedeva ancora lì. Non sappiamo cosa le sia accaduto in seguito, ma possiamo supporre che sia morta in carcere.

XII
Le streghe nella letteratura

Le vicende narrate nel corso di questo saggio godono di una buona presenza nella letteratura coeva e successiva. Per le sue streghe, i temi e le ambientazioni di *Macbeth*[34], Shakespeare potrebbe aver tratto ispirazione da *Newes from Scotland*.

*Macbeth e Banquo incontrano le streghe (*Holinshed's Chronicles, *1657).*

I drammaturghi del XVII secolo le introdussero nelle loro commedie satiriche, come Thomas Heywood e Richard Brome in *The Late Lancashire Witches*, messo in

[34] William Shakespeare, *The Tragedy of Macbeth*, 1623.

scena al Globe Theatre nel 1634, e Thomas Shadwell in *The Lancashire-Witches, and Tegue O' Divilly, the Irish Priest* del 1682.

Lo scrittore vittoriano William Harrison Ainsworth[35], autore molto prolifico, pubblicò un romanzo sulle streghe di Pendle: il già citato *The Lancashire Witches.* Dato alle stampe per la prima volta nel 1848 sul "Sunday Times" e poi nel 1849 in tre volumi per l'editore Henry Colburn, poté godere di grande popolarità tra i lettori vittoriani, che continuavano a essere interessati alle streghe e ai processi.

Ainsworth era chiamato "il romanziere del Lancashire" e in quest'opera possiamo scoprire tutto l'amore che nutriva per la sua terra, con i suoi abitanti, i paesaggi meravigliosi e le sue antiche tradizioni. Il soggetto del romanzo gli fu suggerito da James Crossley, amico di vecchia data. Bibliofilo e antiquario, Crossley aveva curato l'edizione del 1845 di Thomas Potts, *The Wonderfull Discoverie of Witches*, per la Chetam Society. I due si recarono più volte sui luoghi degli eventi per indagare sull'esatta topografia dei principali siti della storia. Ainsworth studiò per due anni, 1846-1847, prima di iniziare a scrivere. La stesura del romanzo avvenne l'anno successivo, nel

---

[35] William Harrison Ainsworth (Manchester, 4 febbraio 1805-Reigate, 3 gennaio 1882) fu uno scrittore molto popolare nell'età vittoriana. *The Lancashire Witches*, *Guy Fawkes*, *The Tower of London, Windsor Castle* e *Old St Pauls* sono fra i suoi romanzi più famosi. Intorno agli anni '40 dell'Ottocento la sua fama raggiunse quella di Dickens, per poi declinare nel periodo successivo: si traferì a Brighton, vendette le proprietà di famiglia e chiuse la sua rivista "Ainsworth's Magazine". Continuò a scrivere fino alla morte.

1848. Il libro è dedicato proprio a James Crossley. La prima edizione illustrata, invece, che contiene le belle tavole di John Gilbert, fu pubblicata nel 1854.

Aperto da un lungo prologo intitolato *The Last Abbot of Whalley*, il romanzo è composto da tre volumi: *Alizon Device*, *Pendle Forest* e *Hoghton Tower*.

Nonostante Ainsworth si fosse documentato puntigliosamente sui testi dell'epoca, stravolse la realtà storica introducendo molti elementi di fantasia: fatti e finzione convivono in quello che è un vero e proprio romanzo gotico. Un esempio fra tutti: Alizon Device, che abbiamo imparato a conoscere come una mendicante e figlia di una strega malvagia, viene trasformata in una bella ragazza di buon cuore e, soprattutto, non è affatto una strega. Ainsworth ce la presenta splendidamente abbigliata per rappresentare la Regina di maggio[36]. Naturalmente nulla è lasciato al caso: se lo scrittore introdusse un elemento come questo una ragione c'era e la possiamo trovare nella nostalgia per quella "Merry England" dei bei tempi andati. Il May Day diventa allora simbolo di quel passato, delle sue tradizioni e dello spirito famigliare e comunitario che sono destinati a scomparire sopraffatti dal rumore delle città e dai fumi delle industrie.

Nella commistione di realtà e fantasia, storia e finzione narrativa, Ainsworth dichiara che la stregoneria non esiste, eppure tutta la narrazione ne è pervasa in ogni

---

[36] La Regina di maggio è la rappresentazione femminile del risveglio della natura e della primavera, in particolare nel folklore inglese e irlandese. Legato alla celebrazione è il *maypole*, ossia l'albero di maggio, un alto palo che veniva ornato con lunghi nastri e intorno a cui i bambini danzavano festosi.

suo aspetto e lascia il lettore in dubbio sulla sua effettiva efficacia.

La ricerca delle atmosfere fantastiche e degli elementi soprannaturali in letteratura porterà alla nascita del fantasy moderno. Fu proprio in età vittoriana che lo scrittore scozzese George MacDonald propose al pubblico il viaggio di Anodos nella Terra delle Fate, nel suo romanzo *Phantastes*[37] del 1858. Il titolo dell'opera è tratto dal poema allegorico *The Purple Island* di Phineas Fletcher, in cui Phantastes rappresenta l'immaginazione creativa, ossia *fancy*, proprio il nome del famiglio di Chattox.

Le streghe furono fonte di ispirazione per tanti scrittori, in quanto collegate allo stesso tempo alla storia, al folklore e all'immaginazione. Con i secoli la percezione di come dovessero essere state quelle donne cambiò e ne troviamo delle testimonianze in altre opere letterarie.

Fra gli esempi più recenti, voglio ricordare tre opere. Lo scrittore britannico Robert Neill drammatizzò gli eventi del 1612 nel suo romanzo *Mist over Pendle*, pubblicato nel 1951 e in seguito ristampato più volte.

Il romanzo *Good Omens* di Terry Pratchett e Neil Gaiman, di cui è noto anche l'adattamento televisivo, presenta diversi personaggi i cui nomi sono ispirati a quelli dalle streghe di Pendle, tra cui Agnes Nutter, una profetessa bruciata sul rogo, e il suo discendente Anathema Device.

Infine, il romanzo *The Familiars* (pubblicato in italiano con il titolo "Gli occhi di Alice Gray"), del 2019, di Stacey Halls narra la storia di Fleetwood, signora di

---

[37] George MacDonald, *Phantastes. Un romanzo di fate per uomini e donne*, traduzione di Michela Alessandroni, flower-ed 2022.

Gawthorpe Hall, che viene coinvolta nel processo alle streghe da Alice Gray, una povera ragazza dagli occhi color ambra che si aggira misteriosamente per il bosco, conosce l'arte delle levatrici e i segreti delle erbe.

Alizon Device come Regina di maggio.
(William Harrison Ainsworth, The Lancashire Witches.
Illustrazione di John Gilbert, 1854).

XIII
Quattro secoli dopo

Le streghe della foresta di Pendle appartengono a un tempo ormai lontano, ma sono anche molto vicine a noi, scrivevo nell'Introduzione. I luoghi in cui si svolsero le vicende narrate sono stati preservati e valorizzati nutrendo la piccola industria del turismo e della cultura di quella parte del Lancashire. Dalle insegne ai prodotti, tutto rimanda alle nostre streghe.

A Newchurch in Pendle vi è un solo celebre negozio, chiamato "Witches Galore", ed è stato destinato alla vendita di tazze, poster, magliette, libri, cartoline e altri oggetti ispirati alle streghe di Pendle. In particolare, è stata prodotta una serie di bambole con i nomi delle streghe molto amata da appassionati e collezionisti.

L'antico birrificio Moorhouse, fondato nella seconda metà dell'Ottocento nella cittadina di Burnley, abbracciando le tradizioni locali ha scelto di produrre una serie di birre ispirate alle streghe, tra cui una chiamata "Pendle Witches Brew".

Vicino a Burnley, esattamente a Barrowford, si trova il Pendle Heritage Centre. Il centro comprende anche un museo che racconta, fra le altre cose, la storia delle streghe di Pendle e quella del predicatore inglese George Fox che, proprio sulla maestosa collina, nel 1652 ebbe la visione che lo portò a formare il movimento dei quaccheri. Tre splendidi giardini in stili diversi, uno di fiori, un orto e uno recintato con piante risalenti al Settecento, arricchiscono il centro offrendo la possibilità di passeggiare e sostare sulle panchine respirando i profumi della natura.

"Witches Galore". Immagine tratta da witchesgalore.co.uk.

Molti percorsi a piedi consentono di esplorare l'area. Uno di questi si trova appena fuori il piccolo villaggio di Barley: è il "Pendle Sculpture Trail", in cui i visitatori si impegnano a trovare le dieci placche di ceramica dedicate alle streghe e alcune sculture di legno sparse nel bosco.

Dal Pendle Heritage Centre, inoltre, parte il "Pendle Witch Trail", che conduce fino al castello di Lancaster e può essere esplorato in automobile o in minibus, oppure percorrendo circa 72 chilometri di pista ciclabile. Giungendo a Lancaster, ci si può recare in un pub chiamato "The Pendle Witch".

La Burnley Bus Company gestisce una linea chiamata "The Witch Way", che percorre la strada che collega Burnley a Manchester e i cui mezzi portano il logo di una strega a cavallo di una scopa. La rotta opera ininterrottamente dal 1948, ma è stata battezzata con questo nome solo nel 2005. Nel 2020, la sezione Burnley-Skipton del percorso è stata divisa in un nuovo servizio, chiamato "Pendle Wizz".

Sulla collina di Pendle, ogni anno si tiene un raduno per celebrare Halloween, ma gli eventi più importanti sono stati organizzati nel 2012, per commemorare le streghe nel 400° anniversario della loro morte con mostre, concerti ed eventi artistici. Fra tutti, voglio ricordarne uno per me molto bello e significativo: la realizzazione da parte dello scultore locale David Palmer di una statua a grandezza naturale in ottone e acciaio di Alice Nutter, collocata sul bordo erboso di una strada tra Crowtrees e Roughlee, il suo villaggio natale.

Alice è rappresentata con le dita delle mani intrecciate, dove qualche animo gentile posa spesso un fiore colto dal prato, e le catene ai polsi. L'ampio colletto rialzato e il semplice copricapo chiaro le incorniciano il viso. Il corpo è avvolto da un lungo abito rosso e una mantella dello stesso colore, tipico capo indossato dalle fanciulle inglesi soprattutto in campagna. Eppure Alice non è una ragazza e non sta passeggiando spensierata nella natura. Quel colore appare allora come il rosso del sangue succhiato dai famigli e sparso dai giudici. Con il piede sinistro portato in avanti, Alice sembra incedere come se camminasse lungo il ciglio della strada, ma il ginocchio è leggermente piegato e i gradini sottostanti sono quelli che la conducono al patibolo. Quel passo tragico e solenne non è solo il suo, è di tutte loro: le streghe della foresta di Pendle.

BIBLIOGRAFIA

Almond Philip C., *The Lancashire Witches. A Chronicle of Sorcery and Death on Pendle Hill*, I. B. Tauris, Londra 2012

Amussen Susan Dwyer, *An Ordered society: Gender and Class in Early Modern England*, Blackwell, Oxford 1983

Ainsworth William Harrison, *The Lancashire Witches: A Romance of Pendle Forest*, Henry Colburn, Londra 1849

Baskerville Geoffrey, *English Monks and the Suppression of the Monasteries*, Johnathan Cape, Londra 1965

Bennett Walter, *The Pendle Witches*, Lancashire County Books, Preston 1993

Clayton John A., *The Lancashire Witch Conspiracy. A History of Pendle Forest and the Pendle Witch Trials*, Barrowford Press, Londra 2007

Fishwick-Ditchfield, *Memorials of Old Lancashire*, Bemrose and Sons Limited, Londra 1909

Ewald Alexander Charles, *Stories from the State Papers*, Chatto and Windus, Londra 1882

Fields Kenneth, *Lancashire Magic and Mystery: Secrets of the Red Rose County*, Sigma Leisure, Wilmslow 1998

Fraser Antonia, *The Gunpowder Plot. Terror and Faith in 1605*, Weidenfeld and Nicolson, Londra 1996

James [Giacomo VI di Scozia, poi I d'Inghilterra], *Daemonologie, in Forme of a Dialogue*, Robert Waldegrave, Edimburgo 1597

Ginzburg Carlo, *Storia notturna. Una decifrazione del sabba*, Einaudi, Torino 1989

Halls Stacey, *The Familiars*, Zaffre, Londra 2019

Harland John - Wilkinson T. T., *Lancashire Folk-Lore*, Frederick Warne and co., Londra 1867

Hasted Rachel, *The Pendle Witch Trial 1612*, Lancashire County Books, Preston 1993

Hueffer Oliver Madox, *The Book of Witches*, The John McBride Co, New York 1909

MacDonald George, *Phantastes. Un romanzo di fate per uomini e donne*, traduzione e cura di Michela Alessandroni, flower-ed, Roma 2022

Matteoni Francesca, *Il famiglio della strega. Sangue e stregoneria nell'Inghilterra moderna*, Aras Edizioni, Fano 2014

Levin Carole - Bertolet Anna Riehl - Carney Jo Eldridge, *A Biographical Encyclopedia of Early Modern Englishwomen*, Routledge, Oxon e New York 2017

Levack Brian P., *La caccia alle streghe in Europa agli inizi dell'Età moderna*, Laterza, Roma-Bari 2008

Linton Elizabeth Lynn, *Witch Stories*, Chapman and Hall, Londra 1861

Neill Robert, *Mist over Pendle*, Hutchinson, Londra 1951

Poole Robert (a cura di), *The Lancashire Witches. Histories and Stories*, Manchester University Press, Manchester 2013

Potts Thomas, *The Wonderfull Discoverie of Witches in the Countie of Lancaster*, William Stansby, Londra 1613; ristampato da The Chetham Society, Manchester 1845

Pratchett Terry - Gaiman Neil, *Good Omens*, Corgi, Londra 2019

Scot Reginald, *The Discoverie of Witchcraft*, Henry Denham, Londra 1584

Shakespeare William, *The Tragedy of Macbeth*, Oxford University Press, Oxford 1990

Whalley Abbey, Lancashire, in "The Building News and Engineering Journal", vol. 57, 5 luglio 1889, E.J. Kibblewhite

RINGRAZIAMENTI

La stesura di questo saggio ha comportato un grande lavoro di ricerca, traduzione e analisi. Se sono riuscita a incuriosire e far appassionare anche solo qualche lettore alle vicende delle streghe di Pendle, allora il mio impegno non sarà stato vano. Indispensabile per la buona riuscita dell'opera è stata la presenza del mio editor e fratello Tommaso Alessandroni, che ringrazio di cuore per avermi supportato pazientemente nel corso delle revisioni e avermi dato moltissimi consigli preziosi.

INDICE

UNA NOTTE D'AGOSTO
Introduzione 9

CRONOLOGIA 13

NOMI DELLE PRESUNTE VITTIME DI STREGONERIA 17

NOMI DELLE STREGHE E SENTENZE 19

I Nella foresta di Pendle 23

II L'antefatto: *Newes from Scotland* 31

III Estirpare le streghe: *Daemonologie* 47

IV Alizon Device e l'inizio della fine 55

V Demdike, la strega più potente 63

VI Chattox, la strega rivale 69

VII Le dichiarazioni fatali di James Device 76

VIII Raduno di streghe a Malkin Tower 80

IX Jennet Device, la bambina accusatrice 85

X Le streghe di Samlesbury 92

XI La strana storia di Edmund Robinson 97

XII Le streghe nella letteratura 100

XIII Quattro secoli dopo 106

BIBLIOGRAFIA 109

RINGRAZIAMENTI 113

Windy Moors

Windy Moors è la collana che ospita preziosi saggi di storia e letteratura del mondo anglosassone.

Il suo nome deriva da un verso della bellissima canzone *Wuthering Heights* di Kate Bush ed è dunque un omaggio a Emily Brontë e al suo romanzo immortale *Cime tempestose*, pubblicato nel 1847 con lo pseudonimo di Ellis Bell.

Mentre quel vento soffia forte sulla brughiera sconfinata e l'erica purpurea ondeggia spandendo intorno il suo profumo intenso, i nostri lettori sfogliano i volumi *Windy Moors* esplorando vite, pensieri e scritture, memorie, vicende personali e fatti storici: pagine indipendenti, libere e indomite come quella natura spontanea.

Tra studi e ricerche, fogli e inchiostro, nei libri *Windy Moors* riecheggia la voce potente del passato, destinata a restare nella memoria per sempre.

Out on the wiley, windy moors
We'd roll and fall in green.
You had a temper like my jealousy:
Too hot, too greedy.
How could you leave me,
When I needed to possess you?
I hated you. I loved you, too.

(Kate Bush, *Wuthering Heights*)

Opere pubblicate

1. Giorgina Sonnino, *Tre Anime Luminose fra le nebbie nordiche. Le Sorelle Brontë*

2. Giorgina Sonnino, *Il pensiero religioso di una poetessa inglese del secolo XIX. Emilia Giovanna Brontë*

3. Lurabel Harlow, *Louisa May Alcott. Un ricordo*

4. Mara Barbuni, *Elizabeth Gaskell e la casa vittoriana*

5. Angelo Crespi, *La poesia di Wordsworth*

6. Mara Barbuni, *Le case di Jane Austen*

7. Lucy Maud Montgomery, *Il sentiero alpino. La storia della mia carriera*

8. Romina Angelici, *Jane Austen. Donna e scrittrice*

9. Patrick Branwell Brontë, *E come un sogno la vita vola. Lettere 1835-1848*

10. Alice Law, *Patrick Branwell Brontë*

11. Carmela Giustiniani, *Chiamatemi Elizabeth. Vita e opere di Elizabeth von Arnim*

12. Carmela Giustiniani, *La mia anima è un giardino. Vita di Frances Hodgson Burnett*

13. Riccardo Mainetti, *Scoprendo Beatrix Potter*

14. Debora Lambruschini, *La New Woman nella letteratura vittoriana*

15. Alessandranna D'Auria, *Charlotte Brontë. Il diario di Roe Head 1831-1838*

16. Romina Angelici, *Non ho paura delle tempeste. Vita e opere di Louisa May Alcott*

17. Sara Staffolani, *C'è sempre il sole dietro le nuvole. Vita e opere di Jean Webster*

18. Carmela Giustiniani, *Vissi con le mie visioni. Vita di Elizabeth Barrett Browning*

19. Sara Staffolani, *È questo il tempo di sognare. Vita e opere di Emily Brontë*

20. Sara Staffolani, *Una Lady nella campagna inglese. Vita e opere di Edith Holden*

21. Sara Staffolani, *Le colline, il tramonto e un cane. Vita e poesia di Emily Dickinson*

22. Romina Angelici, *Vorrei che dal cielo piovessero rose. Vita e opere di George Eliot*

23. Mattia Spirito, *Arthur Conan Doyle. Tra l'ombra di Sherlock e la mano dell'occulto*

24. Romina Angelici, *Viaggi letterari in Italia*

25. Michela Alessandroni, *Le streghe della foresta di Pendle*

flower-ed

Nella radice, per la quale ha vita il fiore